Arvid Genetz

Die karelischen Lautlehre

Arvid Genetz

Die karelischen Lautlehre

ISBN/EAN: 9783743318946

Hergestellt in Europa, USA, Kanada, Australien, Japan

Cover: Foto ©Thomas Meinert / pixelio.de

Manufactured and distributed by brebook publishing software (www.brebook.com)

Arvid Genetz

Die karelischen Lautlehre

VERSUCH

EINER

KARELISCHEN LAUTLEHRE.

Akademische Abhandlung,

welche mit Genehmigung der Philosophischen Fakultät
der Kaiserl. Alexander-Universität in Finnland

öffentlich vertheidigen wird

Arvid Genetz

im historisch-philologischen Auditorium den 26. Mai 1877.

V.-M. 10 Uhr.

HELSINGFORS,
J. C. Frenckell & Sohn, 1877.

VORWORT.

Das Material zur vorliegenden Arbeit über das Russisch-Karelische ist grösstentheils während einer Reise, die ich im Sommer und Herbst 1871 auf Kosten der Finnischen Literaturgesellschaft durch das Gebiet der Olonetzischen und Archangelschen Karelier machte, gesammelt worden. Auch den folgenden Sommer hatte ich als Theilnehmer an einer vom Magister A. Borenius geleiteten, von derselben Gesellschaft entsandten Expedition zur Aufzeichnung der bei den russ. Kareliern noch fortlebenden alten Runen, die Gelegenheit, das karelische Sprachmaterial zu vermehren, besonders mit Sprachproben von mehreren Orten, die während der ersten Reise unbesucht geblieben waren. Also habe ich, theils durch eigene Aufzeichnung, theils durch die Beiträge, die Magister Borenius, mein Reisegefährte auch im J. 1871, mir gütigst gegeben hat, zu meiner Verfügung sprachliche Angaben von den meisten Kirchspielen der fraglichen beiden Gouvernements gehabt, in denen Karelisch gesprochen wird; nämlich von Juwstarvi (westlich von Povenets) im Süden bis zu Owlankan-suw im Norden, vom östlichen Ufer des Siezjärvi und dem Küstenlande des Weissen Meeres im Osten bis zur Grenze Finnlands im Westen. Es sind doch nur vier von einander meist entlegene Sprachorte, die in der folgenden Darstellung hauptsächlich in Betracht kommen und daher auch am häufigsten erwähnt werden, theils weil ich durch längeren Aufenthalt an diesen Orten die Volkssprache derselben am Besten kennen lernte, theils weil sie auch am Besten die mundartlichen Verschiedenheiten repräsentiren, die im Karelischen wie in jeder anderen Sprache vorkommen: nämlich im Südosten Poaen am westlichen Ufer von Siezjärvi, im Südwesten Rebola unweit der finnischen Grenze, im Nordosten Sujgujärvi beim gleichnamigen See und äusserst im Norden Kiestinki am nördlichen Ufer des Grossen Tuoppajärvi.

Eine bestimmte Eintheilung der fraglichen karelischen Sprache in zwei oder mehrere verschiedene Mundarten kann nicht in Frage kommen, weil keine gültigen Gründe der Eintheilung da sind. Zwar könnte ein Grund aufgestellt werden, nämlich der Gebrauch entweder tönender oder tonloser Explosivconsonanten und Spiranten (s. § 44—47), doch scheint mir eine nur darauf gebaute Systematisirung der Dialektverschiedenheiten allzu artificiel.

Ausser dem von mir untersuchten Olonetz-Archangelschen Karelischen habe ich natürlich das hiervon wenig abweichende Twerisch-Karelische in Betracht genommen, soweit es durch die im J. 1820 erschienene Uebersetzung des Evangeliums Matthäi bekannt ist. Dagegen konnte das ebenfalls zum Karelischen gewöhnlich gerechnete westfinnische Idiom „Livvinkieli", welches in den an den finnländischen Kreis Salmis angrenzenden Theilen des Olon. Gouvernements, in der Nähe von der Stadt Olonetz und innerhalb Finnlands in den südlichen und östlichen Theilen des ebenerwähnten Kreises gesprochen wird, hier nicht zur Behandlung aufgenommen werden, weil dasselbe sich so sehr von dem echten Karelischen unterscheidet, dass es wohl seinen eigenen Platz als ein selbstständiger, zwischen dem Wepsischen und Karelischen entsprossener Zweig des westfinnischen Sprachstammes, Namens die Liwgisprache, das Olonetzische, behaupten möchte.

Bei der Darstellung der Lautverhältnisse und der Lautwandel des Karelischen bin ich bemüht gewesen, dieselben so weit möglich zu verstehen und physiologisch zu erklären. Es schliesst sich also diese karelische Lautlehre meiner unlängst erschienenen „Lautphysiologischen Einführung in das Studium der westfinnischen Sprachen" unmittelbar an.

Helsingfors, Mai 1877.

Der Verfasser.

Die karelischen Laute und deren Bezeichnung.

§ 1. Im Russisch-Karelischen kommen folgende einfache Laute vor:

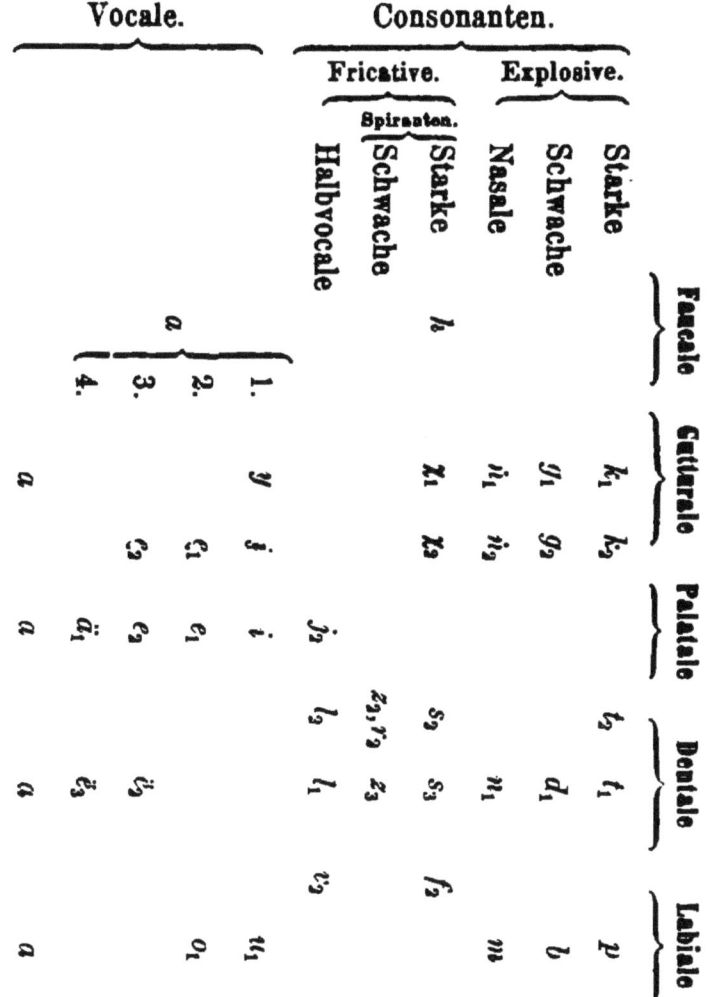

Von den Mischlauten werden folgende gebraucht:

Die palatalisirten Consonanten k, $\acute{g}$, t', d', $\acute{n}$, $\acute{s}$, $\acute{\check{s}}$, $\acute{z}$, $\acute{\check{z}}$, $\acute{r}$, l';

Der guttural-dentale Consonant l_3;

Die labial-gutturalen Vocale u_2, o_4, o_5;

Die labial-palatalen Vocale $ü_2$, $ö_1$, $ö_3$.

Ausserdem kommen die meisten nasalen Vocale vor.

§ 2. Da die bisherige Art und Weise die verschiedenen Laute zu bezeichnen in zusammenhängender Schrift nicht anwendbar, und die genaue Unterscheidung der minder wichtigen Nüancen, nachdem des Vorkommens derselben erwähnt worden, unnütz ist, sind hier folgende Veränderungen und Vereinfachungen in der Bezeichnung der Laute angenommen worden.

Die palato-gutturalen Consonanten k_2, g_2, $\acute{n}_2$, χ_2, die nur in Verbindung mit palatalen Vocalen vorkommen, haben keine von den gutturalen k_1, g_1, $\acute{n}_1$, χ_1 abweichende Bezeichnung erhalten, sondern dieselben Zeichen k, g, $\acute{n}$, χ sind für beide angewandt worden.

t_2 wird nur ausnahmsweise im nördlichen Karelen nach s ($= s_2$) anstatt des allgemeinen t_1 angewandt; z. B. *must$_2$a* schwarz für *must$_1$a*; die gemeinsame Bezeichnung ist daher: t.

s_2 und z_2 sind, obgleich deren Laute sich bloss unbedeutend von $\check{s}$ und $\check{z}$ unterscheiden, nur mit s und z bezeichnet, da dieselben die am häufigsten vorkommenden dentalen Spiranten sind; dagegen sind s_3 und z_3, die vorzugsweise nur in Lehnwörtern vorkommen, hier mit $\acute{s}$ und $\acute{z}$ wiedergegeben.

Für l_1, welches im Allgemeinen in Wörtern mit palatalen Vocalen, jedoch nicht vor i vorkommt, sowie auch für l_2 und l_3, die an verschiedenen Orten einander entsprechen, ist ein und dasselbe Zeichen l gebraucht worden.

$\acute{s}$ und $\acute{z}$ werden nur abwechselnd mit $\check{s}$ und $\check{z}$ in Verbindung mit vorhergehendem t und d angetroffen. Diese Consonantenverbindungen $t\acute{s}$ ($t\check{s}$) und $d\acute{z}$ ($d\check{z}$) werden im Karelischen wie einfache Consonanten behandelt; die erstere kommt im Anlaut vor, wird im Inlaut gedehnt in der Form *tts̓*, *tts̓* gebraucht und unterliegt wie die gewöhnlichen explosiven Consonanten einer Schwächung; keine derselben wird im Inlaut auf verschiedene Sylben vertheilt, sondern beide werden dem folgenden Vocal zugezählt. Aus diesem Grunde werden hier für diese Verbindungen die einfachen Buchstaben *ḑ* statt *dž*, *dz* und *ţ* statt *tš*, *ts* (*ţţ* statt *ttš*, *tts*) angewandt, wodurch *š* und *ž* wegfallen; z. B. *ki-ḑu* getrocknete Rübe, *ku-ţun* ich rufe, *kuţ-ţuw* er ruft.

y kommt nur in ein Paar Dörfern, *Petelniemi* und *Liśśapohja* am südöstlichen Ufer von *Siez̓järvi* (Серозеро) als Vorschlag im Diphthong *ya* vor, welcher dem allgemeinen karelischen Diphthonge *oa* entspricht; z. B. *myamo* Mutter, *kyassa* Brei, anstatt *moamo*, *koassa*.

Mit *i* bezeichnen wir sowohl *i* als *j*, weil die Wahl zwischen denselben nur von der Vocalharmonie abhängt und weil sie dem Laute nach sich nur wenig von einander unterscheiden, z. B. *lindu* Vogel, statt *ḽindu*.

Mit *e* bezeichnen wir: 1) die beiden palatalen Vocale e_1 und e_2, von denen der erstere nur im Diphthonge *ie*, sowie an den meisten Orten im Diphthonge *eä* vorkommt, z. B. *mies* Mann, für mie_1s, *peä* Kopf, statt $pe_1ä$; 2) beide palato-gutturalen Vocale $ę_1$ und $ę_2$, denn einerseits braucht man sie nicht von den palatalen Vocalen zu unterscheiden, da die Wahl zwischen einem palatalen und palato-gutturalen *c* von den übrigen Vocalen des Wortes abhängt; und andrerseits ist eine Unterscheidung des $ę_1$ und $ę_2$ von einander auch unnöthig, weil $ę_1$ nur im Diphthonge *ję* gebraucht wird; z. B. *vieras* Fremdling, statt $vię_1ras$; 3) beide dentalen Vocale $ü_2$ und $ü_3$, von denen der erstere in der zweiten und den nachfolgenden Sylben vor dentalen Consonanten in Wörtern mit nicht palatalen Vocalen vorkommt und der letztere nur bisweilen im südlichen Karelen statt des ersteren angetroffen wird; z. B. *kuwndelen* ich lausche, für $kuwndë_2len$ oder $kuwndë_3len$.

Mit *o* werden bezeichnet: 1) o_1, welches im Allgemeinen als Vorschlag im Diphthong *oa* gebraucht wird;

z. B. *oamu* Morgen, statt $o_1 amu$; 2) o_4, das bloss im Diphthong *uo* vorkommt; z. B. *tuon* ich bringe, statt $tuo_4 n$; 3) der in allen übrigen Fällen gebräuchliche Vocal o_3.

$ö_1$ und $ö_3$ werden beide nur mit *ö* wiedergegeben, da ersteres nur im Diphthong *üö* angetroffen wird, z. B. *tüö* Werg, Hede, statt $tüö_1$.

In den Diphthongen, welche den finnischen *ai oi ui, äi öi üi*, und *ei* entsprechen, ist der Nachlaut hier mit *j* bezeichnet, obgleich die Stellung der Mundorgane die für *į* oder *i* und nicht die mehr geschlossene ist, welche der Halbvocal *j* erfordert. Diese Bezeichnungsweise ist aus folgenden Gründen angenommen worden: der besagte Nachlaut ist nachweislich in den meisten Fällen aus einem Consonanten entstanden; derselbe besitzt noch oft consonantische Natur, da er Consonantenschwächung verursacht; wenn derselbe gedehnt ist und ein Vocal ihm folgt, so lautet er beim Uebergang in diesen Vocal wie ein mehr oder minder scharfes *j*, obgleich man nicht im Stande ist anzugeben, wo das *i* aufhört und das *j* beginnt; also schreiben wir *ajga* statt *aiga*, *nojjan* statt *noian* oder *noijan* u. s. w.

In Uebereinstimmung hiermit wird auch ein langes *i* mit *ij* bezeichnet; z. B. *pij* statt *pii* oder *pī*, *tijjän* statt *tiiän*, *tīän* oder *tiijän*, *tījän*[1]).

Ebenso ist das Zeichen des reinen labialen Halbvocals *w* angewandt worden um den Nachlaut in den Diphthongen zu bezeichnen, die den finnischen Diphthongen *au, ou, eu, iu, äy, öy (ey), iy* entsprechen. Dieser Nachlaut entsteht durch einfache Bewegung der Lippen in die Stellung u_1, wobei die Zunge in der Lage verbleibt, welche die Aussprache der vorhergehenden Vocale erfordert, bloss mit den Veränderungen, welche die Bewegung des unteren Kiefers gegen den oberen verursacht; so z. B. ist im Worte

---

[1]) Hier mag erwähnt werden, dass z. B. Wiedemann aus practischen Gründen sich weit grössere Freiheit erlaubt hat, indem er *ajaja* statt *aeaja* schreibt; siehe Gramm. der Ehstn. Spr., S. 84.

lawda Brett $w = a + u_1$ oder $\bar{o}_2 + u_1$,
powda schönes Wetter $w = \bar{o}_2 + u_1$,
lewga Kinn $w = e_2 + u_1{}^1$),
kiwgoa Ofen $w = i + u_1{}^1$),
käwt er geht $w = \ddot{a}_1 + u_1$ oder $e_2 + u_1$,
löwdä- finden $w = e_2 + u_1$,
kewhä arm $w = e_2 + u_1$,
liwchch Garbe $w = i + u_1 = \bar{u}_1$.

Ein langes *u* und *ü* schreiben wir ebenfalls *uw* und *üw*; z. B. *puw* Baum statt *puu* oder *pū*, *tuwwa* holen statt *tuua*, *tūa*; *püw* Haselhuhn statt *püü* oder *pü*; *lüwwä* schlagen statt *lüüä* oder *lüä*.

Die nasalen Vocale sind alle mit demselben Zeichen *ñ* bezeichnet worden, da dieselben im Inlaut vor *s*, *š*, *z*, *ź* und auch oft im Auslaut aus einem älteren *n* in der Weise entstanden sind, dass die für *n* erforderliche Articulation nicht ausgeführt, sondern der Vorhang nur niedergelassen wird, während die Mundorgane dieselbe Stellung beibehalten, die sie beim Aussprechen des vorhergehenden Vocals einnahmen; z. B. *kañza*, *kañsa* Volk, statt *kaãza*, *kaãsa*; *küñzi*, *küñźi* oder *küñsi* Klaue statt *küüzi*, *küüźi*, *küüsi*; *hänें* sein, statt *häneē* (neben *hänen*).

Natürlicher Weise sind die Ziffern ausgelassen bei den Typen, welche Laute bezeichnen, von denen im Karelischen nur eine Nüance vorkommt; wir schreiben also *d* statt d_1, *n* statt n_1, *f* statt f_2, *v* statt v_2, *ü* statt $\ddot{u}_2$, *ä* statt $\ddot{a}_1$, *j* statt j_2.

Schliesslich mag noch erwähnt werden, was die Aussprache der Diphthonge *oa* und *eä* betrifft, dass dieselbe an verschiedenen Orten zwischen *ū*, *ǟ* (in *Poaen*, in der ersten Sylbe), *ō*, *ē* (in *Poaen* weiterhin im Wort) und *ua*, *iä* (in Nordkarelen) schwankt; die Aussprache des Diphthongs *öä*, welcher im nördlichen Karelen in der zweiten oder einer

---

¹) Beim Aussprechen des *w* wird doch die Zunge aus der vom *e* und *i* geforderten palato-gutturalen Stellung etwas zurückgezogen, fast bis in die Stellungen für $\bar{o}_2$ und *y*.

der folgenden Sylben abwechselnd mit *cä* vorkommt, schwankt ebenso zwischen *öä* und *üä*.

Das karelische Alphabet gestaltet sich also folgendermassen:

$a = a$	$k = k$	$\acute{s} = \acute{s}$
$ä = ä_1$	$l = l_1, l_2, l_3$	$\dot{s} = s_3$
$b = b$	$l' = l'$	$t = t_1, t_2$
$d = d_1$	$m = m$	$t' = t'$
$d' = d'$	$n = n_1$	$\underset{.}{t} = t\acute{s}, t\acute{s}$
$\underset{.}{d} = d\dot{z}, d\dot{z}$	$\acute{n} = \acute{n}$	$u = u_2$
$e = e_1, e_2, e_1, e_2$	$\dot{n} = \dot{n}_1, \dot{n}_2$	$ü = ü_2$
$ë_2, ë_3$	$\tilde{n} = \tilde{a}$ nach a,	$v = v_2$
$f = f_2$	$\tilde{i}$ nach i u. s. w.	$w = w_1$
$g = g_1, g_2$	$o = o_1, o_4, o_5$	$z = z_2$
$\acute{g} = \acute{g}$	$ö = ö_1, ö_3$	$\acute{z} = \acute{z}$
$h = h$	$p = p$	$\dot{z} = z_3$
$i = i, \underset{.}{i}$	$r = r_2$	$\chi = \chi_1, \chi_2.$
$j = j_2 \,(i, \underset{.}{i})$	$\acute{r} = \acute{r}$	
$k = k_1, k_2$	$s = s_2$	

~~~~~~~~~

Lautliche Analyse der karelischen Wortstämme.

Die anlautenden Consonanten.

1. Einfache Consonanten.

§ 3. Im Anlaute der karelischen, sowie überhaupt der westfinnischen Wörter kommen die tonlosen Explosivlaute am häufigsten vor: die karelischen Wörter mit anlautendem *k*, *t*, *p* machen mehr als ein Drittel des ganzen Wortvorraths aus. Und weil in Bezug auf diese Wörter die grösste Uebereinstimmung unter den verwandten Sprachen herrscht, so kann man ohne Weiteres das anlautende *k*, *t* und *p* als der westfinnischen Ursprache gehörig betrachten. Nur die mit *k*, *t*, *p* anlautenden alten Lehnwörter verdienen eine besondere Aufmerksamkeit, weil die Original-Wörter oft *g*, *d*, *b* haben; z. B. *kaźla*, *kajśla* Binse, *kejhä*, *kejhähä*, nom. *kejhäs* Spiess, Lanze, *keldaźe* gelb, *kihla* Wette, *kihlo* verloben, *kulda* Gold; *terva* Theer, *tajgina* Backtrog, Teigmulde, *tajvaha* Himmel, *tawdi* Krankheit, *parda* Bart, *pordaha* Treppe, *puraha* Eisbrecher, *purjehe* Segel, die auch in allen anderen westfinnischen Idiomen mit tonlosen explosiven Consonanten — nur mit Ausnahme des wepsischen *barda* — in den Originalsprachen aber, dem Gothischen, Altnordischen, Litthauischen und Lettischen mit tönenden Verschlusslauten anlauten[1]). In einigen alten Lehnwörtern steht im Karelischen wie auch in den verwandten Sprachen *k* für ursprüngliches *sk*; z. B. *kawnehe* schön, *kello* Glocke, Viehschelle, *keritte-* scheren[1]).

§ 4. Mit den tönenden Explosiv-Consonanten *g*, *d*, *b* anlautende Wörter giebt es im Karelischen nicht viel und fast alle sind augenscheinlich neue, russische Lehnwörter, denen in den Schwestersprachen meistentheils ganz andere, schwedische, deutsche oder lettische theils auch eigene oder russische Wörter entsprechen. Mit dem *d* lautet kein echt karelisches Wort an, mit dem *g* nur die partikeln *ga* (neben *ka*) sieh, so, *gera* (neben *kera*) mit, die enklitische Fragepartikel *-go* und ausserdem das Wort *garbalo* Kransbeere, das auch in einigen anderen Sprachen *g* hat: liwgisch *garbalo*, weps. *garbol*, *garblod*, liv. *gārban*. *B* steht im Anlaute folgender karelischen Wörter; *babarno* oder *bavarno* (neben *vavarno*) Himbeere; *bajtti* ausser, nur, aber; *beägü-* blöken, meckern, vergl. liwg. *blcägü-*, liv. *bäk*; *bobo* Spielzeug, vergl. weps. *bobaine*; *bulbukka* Seeblume, vergl. liv. *bul* Wasserblase; *bulkkuźe* Finne; *buṅgakka* mürrisch, störrig; *buola* (neben *vuola*) Preisselbeere, vergl. liwg. *buolu*, *-lan*, weps. *bol*, liv. *buolgon*; *burhoa-* beuchen, laugen, vergl. liwg. *burha* Braus; *buraja-*, *buriźe-* rieseln, summen, vergl. liv. *buŕŕ* hexen; *burbetta-* brummen, murren, *böböttä-* stammeln.

---

[1]) Siehe diese Wörter bei Ahlqvist: Die Kulturwörter der westfinnischen Sprachen, und Thomsen, Den gotiske sprogklasses indflydelse på den finske.

§ 5. Die § 3 erwähnten alten Lehnwörter zeigen mit Bestimmtheit, dass es im Leben der westfinnischen Völker eine Periode gab, da sie tönende Explosiv-Consonanten im Anlaute nicht aussprechen konnten, und dass diese Periode noch zur Zeit der Aufnahme dieser Wörter dauerte. Denn andernfalls hätten sie die ursprünglichen tönenden Consonanten im Anlaute dieser Wörter eben so treu nachgeahmt und aufbewahrt wie es die Karelier, Wepsen, Woten und Liven in Bezug auf die neueren Lehnwörter thun. Die Karelier, Wepsen, Woten und Liven haben also erst später, und zwar von den Nachbarvölkern, gelernt tönende Consonanten im Anlaute auszusprechen, indem sie allmählich diesen Völkern Wörter mit anlautenden tönenden Consonanten entlehnten. Was aber das *g*, *d*, *b* der eigenen Wörter betrifft, so hat man sich die Sache so zu denken, dass diese Consonanten, nachdem sie zugleich mit den Lehnwörtern das Eigenthum der Sprachen geworden, zu gewissen Zwecken und nicht aus blosser Laune statt ursprünglichen *k*, *t*, *p* gewählt worden sind. Schallnachahmungen sind z. B. die karelischen *beägü-*, *burhoa-*, *buraja-*, *burbetta-*, *böböttä-*. Namen kleiner oder schöner lieber Gegenstände sind *garbalo*, *babarno*, *bobo*, *bulbukka*, *bulkkuśe*, *buola*. Wörter die nur durch den anlautenden Consonanten von anderen Wörtern sich hinlänglich unterscheiden, sind: *buola*, Pluralstamm *buoli* (vergl. *puoli*, Pluralstamm von *puole* Seite, Hälfte [1]).

§ 6. Von den Nasalconsonanten kommt nicht *ń* sondern nur *n*, *ń* und *m* im Anlaute vor; *ń* ist gewöhnlich durch Einwirkung eines folgenden palatalen Vocales entstanden, steht doch bisweilen ohne sichtbare Ursache, z. B. in den Wörtern *ńaba* Nabel, *ńewwo* Rath, *ńoakka* Dohle, *ńoava* Baummoos, *ńokka* Schnabel, *ńolgi* Schleim, *ńorppa* Seehund, *ńukahta-*, *ńukku-* einschlummern, *ńuppuśe* Knospe.

---

[1]) Ebenso die livischen *daba* (vergl. *taba*), *dūrbal* (*tūrba*), *gulg*, *galb* (*kulg*, *kalb* od. *kolb*); die weps. *bol* (*pol*), *gäga* (*kägi*).

§ 7. *ţ* entspricht in russischen Lehnwörtern sowohl ч als *щ*, *сч* und *ц*, z. B. *ţarkka* Becher *(чарка)*, *ţuruppa* Schraube *(щурупъ)*, *ţotta* Rechnung *(счетъ)*, *ţoari* Zar *(царъ)*. In eigenen Wörtern bildet das *ţ* des Karelischen ein interessantes Vermittelungsglied zwischen den in den verwandten Sprachen gebrauchten *t* und *s:* es ist natürlich jünger als *t* und älter als *s* und zeigt also, wie *s* aus dem *t* entstanden ist; vergleiche z. B. kar. *ţij-orava* (neben *sijp'-orava*) fliegendes Eichhörnchen und ehstn. *tib*, liv. *tibọs*, finn. wot. *siipi* Flügel; kar. *ţipettä-* staubregnen, *ţibawtta-* plötzlich tropfen (neben *ţippu-* träufeln) und ehstn. *tiba*. finn. *tippa*, liv. *sipā* Tropfen.

§ 8. Von den Spiranten kommen *h*, *s* und *š* in eigenen Wörtern vor; *š z*, (*ż*) *ż* und *f* stehen nur in neueren Lehnwörtern und entsprechen gewöhnlich den russischen *с*, *ж*, *з* und *ф*.

§ 9. Ausser den oben besprochenen kommen noch *l*, *r*, *j* und *v* im Anlaute vor, von denen *j*, wie im Wepsischen[1]), öfters mit *d'* wechselt; doch haben wir immer nur *j* geschrieben, weil dieser Wechsel ganz willkürlich zu sein scheint und nur in den südlichen Gegenden wahrgenommen worden ist.

2. Consonanten-Verbindungen.

§ 10. Von den mehr als hundert mit Doppel-Consonanten anlautenden karelischen Stämmen scheint nur ein Zehntel einheimisch zu sein, nämlich: mit *kl: klikotta-* schluchzen, schlucken; mit *kr: krabaja-* knarpeln, prasseln, *kridawtta-* knirschen, *kruppi* Runzel; mit *pl: plakišstele-* blinzeln, *pläţäkkä* platt (neben *laţţu*); mit *pr: prukottele-* eine Kuh locken; mit *br: briha* Jüngling, lediger Mann, *bringoa-* springen oder prallen machen, *bruwttu* längliches Stück; mit *šk: skeäkä* (nordkarel.) Handhabe an der Thür (vergl. weps. *gäga*); mit *sl: slöttö* Frosch (vergl. Suojärvi *löttö*,

---

[1]) Siehe Ant. i Nord-Tschudiskan, S. 51, und Kieletär, Heft 4, Seite 11.

lötöj). Alle übrigen sind unzweifelhaft russische Lehnwörter mit folgenden Consonanten-Verbindungen: *kl, kn, kr; gl, gr; tr; dr, dv; pl, pr; bl, br; šk, sk, št, st, sp, šl, sl, šr, sr, šm, šč, žm, žv.*

§ 11. Drei anlautende Consonanten findet man nur in russischen Lehnwörtern, und solche Verbindungen werden oft durch Elision eines Consonanten *(t)* vermieden z. B. *šroi-* oder *šroji-* bauen, *srumentta* Instrument, *sroafa* (neben *štroahva)* Geldstrafe, *švola* Büchsenlauf, von den russ. строить, *(ин-)струмент, штрафъ, стволъ.* Nur *škr, špr* und bisweilen *str* können geduldet werden. Im nordkarelischen Worte *streäni* (neben *dreäni)* Unzeug, Lumpenkerl, aus dem russ. дрянь, ist sogar ein überflüssiges *š* angeschoben, wie auch in den Wörtern *škula* Mehlsack (r. кулъ) und *škeäkä* (weps. *gäga).*

§ 12. Wie im Karelischen, so scheinen auch in den übrigen westfinnischen Sprachen die mit mehr als einem Consonanten anlautenden Wörter, bis auf einzelne Ausnahmen, entweder in späterer Zeit angeliehen oder onomatopoetisch zu sein; sie sind in der Regel nur über einen kleinen Theil des westfinnischen Sprachgebiets — höchstens ein Paar benachbarte Sprachen — verbreitet. Schon hieraus wird es wahrscheinlich, dass mehr als ein anlautender Consonant den westlichen Finnen ursprünglich fremd gewesen ist, diese Wahrscheinlichkeit wird aber durch die Form der alten Lehnwörter zur Gewissheit erhoben. Denn es giebt in den westfinnischen Sprachen kein aus dem Gothischen, Altnordischen oder Litthauischen herstammendes Wort, das im Anlaute mehr als einen Consonanten hätte, obwohl die entsprechenden Originalwörter öfters mit zwei oder drei Consonanten anlauten, z. B. die § 3 erwähnten *kawnehe, kello, kritte-* und *lejbä* Brod, *luodehe* Westen, *nuora* Strick, *rengaha* Ring, *randa* Strand, Ufer, *rijda* Streit[1]).

---

[1]) Vergl. die entsprechenden Wörter der übrigen westfinn. Sprachen und die Originalwörter bei Ahlqvist, Die Kulturwörter, und Thomsen, Om den got. sprogkl. indfl.

Die Vocale der ersten Sylbe.

§ 13. Vocalisch anlautende Wörter giebt es in den westfinnischen, wie in den meisten Sprachen, nicht viel; im Karelischen betragen sie nur etwa ein Neuntel vom ganzen Wortvorrath. Dieser Umstand, auf den wir später zurückkommen werden, scheint in der Natur der Sprachorgane ihren Grund zu haben und wurzelt, sowie die gewöhnliche Consistenz der Sylben — Consonant + Vocal — in der ersten Sprachbildung.. Denn als Ausgangspunkt des Sprechens müssen wir natürlich das Nichtsprechen, den Ruhezustand der Organe annehmen, und dieser ist, wie Merkel[1]) bemerkt, folgender: „Im Indifferenzzustande des Sprachorgans ——— hängt das Gaumensegel herab, so dass es den Zungenrücken berührt — — —. Dabei ist die Zunge emporgehoben, so dass sie fast allenthalben das Gaumengewölbe berührt, und ihre Spitze gegen die Zähne angelegt ist." Aus diesem Indifferenzzustande müssen natürlich, wenn etwas geäussert werden soll, die Organe getrennt werden um die Stimme durchzulassen, und es wird unwillkürlich ein consonantisches Geräusch vor dem Vocal gehört, aus welchem Geräusche die verschiedenen Consonanten sich gebildet haben mögen. Uebrigens haben die Anlautsverhältnisse keinen Einfluss auf den In- und Auslaut der Wörter, woher wir auch, nach der obigen Bemerkung, die vocalisch anlautenden Stämme mit den consonantisch anlautenden ohne Unterschied zusammen behandeln werden.

§ 14. In der ersten Sylbe werden alle kurzen Vocale *a, ä, o, ö, u, ü, e, i* in genauer Uebereinstimmung mit dem Finnischen angetroffen.

§ 15. Die einzigen Vocale, die in karelischen Wörtern gedehnt vorkommen, sind *i, u, ü*, die hier mit *ij, uw, üw* bezeichnet werden und den finnischen langen Vocalen *ii, uu, yy* (vergl. § 2) entsprechen.

---

[1]) Anatomie und Physiologie des menschl. Stimm- u. Sprachorgans, S. 767.

§ 16. Von uneigentlichen Diphthongen, die ursprünglich aus einem Vocal und dem Halbvocal *j* gebildet sind, kommen *aj, äj, oj, uj, ej* vor und entsprechen den finnischen *ai, äi, oi, ui, ei* (vergl. § 2). *Öj* und *üj* kommen nicht in der ersten Sylbe primärer Stämme vor, sondern entstehen erst durch Beugung und Ableitung; z. B. *löj* schlug, von *lüö-, püjllä* Adess. Plur. von *püw* Haselhuhn.

§ 17. Von den uneigentlichen Diphthongen auf *w* entsprechen *aw, äw, ow, ew* (= *ęw*) und *iw* (= *įw*) den gleichlautenden finnischen Diphthongen *au, äy, ou, eu, iu*. Den beiden Diphthongen *ew* (mit palatalem *e*) und *öw* entspricht in der finnischen Schriftsprache nur *öy*; z. B. *hewhtene* Nom. *hewhen* Daune, Feder, f. *höyhen; kewhnä, kewnä* Schelfe, f. *köyhnä, köynä; kewhä* arm, f. *köyhä; lewhkä-* prahlen, ostf. *löyhkä-; newrä* geschmeidig, nachgiebig f. *nöyrä* demüthig; *höwrü* Dampf, f. *höyry; löwdä-* finden, f. *löytää; löwlü* Dampf, Wasserdunst, f. *löyly; möwkkü* Wecke f. *möykky*. Der Diphthong *iw* (mit palatalem *i*) wird nur in den Wörtern *liwhtehe*, Nom. *liwheh* Garbenband, f. *lyhde*, und *wiwhte*, Nom. *viwhti* Strähne, f. *vyyhti* angetroffen.

§ 18. Von den eigentlichen Diphthongen entsprechen *uo, üö* und *ie* den finnischen *uo, yö* und *ie; oa, eä* werden gebraucht, wo im Finnischen ein langes *a* und *ä* vorkommt; z. B. *toatto* Vater, f. *taatto, peä* Kopf, f. *pää*.

§ 19. Triphthonge werden in karelischen Stämmen nicht angetroffen; dieselben entstehen bisweilen durch Anfügung von Endungen an Wortstämme, z. B. *soaw, tuow, süöw* 3 Pers. Sing. Praes. von *soa-* erhalten, *tuo-* holen, *süö-* essen.

§ 20. Der Unterschied zwischen dem palatalen und palato-gutturalen *e* und *i*, obwohl für ein geübtes Ohr sogleich wahrnehmbar, ist sowohl in Bezug auf die Stellung der Zunge als auf den Laut sehr gering, und nicht bedeutender als im Finnischen.

Man könnte daher in Versuchung kommen, wie es in der finnischen Grammatik geschehen, *i* und *e* für vocales ancipites anzusehen, d. h. mit anderen Worten *i* und *j*, *e* und ę nur für Varietäten zweier ursprünglichen Vocale *i* und *e* zu erklären. Diese Ansicht wird jedoch vom Ehstnischen, Wotischen und Livischen auf's Entschiedenste widerlegt, wenigstens in Betreff des palatalen und palato-gutturalen *e*, da in diesen Sprachen dem ersteren allerdings *e*, dem letzteren jedoch ganz andere Vocale entsprechen: im Ehstnischen der entsprechende gutturale Vocal *õ* (bisweilen der labial-gutturale *o*) im Wotischen ebenfalls *õ* (bisweilen *ē*) und im Livischen ǫ, welches wahrscheinlich $e_2 + u_1$ ist[1]) und mundartlich mit *ü* wechselt (bisweilen $ǫ = õ$[2]), oder *o*); z. B.

finn.	*tempaa*	*vesa*	*hepo*	*merta*,
kar.	*temboa-*	*veza*	*hebo*	*merda*,
vot.	*tõmpān*	*võso*	*oponē*	*mĭrta*,
ehstn.	*tõmbama*	*võza*	*hobune*	*mõrd*,
liv.	*tǫmb*	*vǫza*	*ǫbbi*	*mǫrda*,
„	*tümb*	*vüza*	*übbi*	*mürda*.

Das Wepsische hat im Allgemeinen *e* sowohl statt des palatalen, als des palato-gutturalen *e*, und da keiner verschiedenen Aussprache dieses *e* erwähnt wird, so darf man wohl annehmen, dass dieselbe überall gleich ist.

Will man aus dieser Mannigfaltigkeit der Formen die Einheit ermitteln, d. h. entscheiden, welcher von den Vocalen ę (*e*), *õ*, *o*, ǫ der älteste ist, so lassen sich dafür allerdings keine historischen Beweise aufstellen, da die respectiven sprachlichen Denkmäler verhältnissmässig noch so neu sind — man kann daher nur aus physiologischen Gründen auf das wahrscheinliche Verhältniss schliessen.

Da bietet sich das ehstnische und wotische *õ* ganz natürlich als Ausgangspunkt für die anderen dar. Aus

---

[1]) Gemäss Wiedemanns Beschreibung, Livische Gramm. S. 10 wäre wohl $ǫ = e_2 + u_1$; aber an derselben Stelle wird einer Verlängerung des tönenden Raumes im Munde erwähnt, deren Entstehung man sich nicht gern anders denken kann, als dass die Zunge von der rein palatalen Stellung etwas zurückgezogen wird, woher ich $ǫ = e_2 + u_1$ setze.

[2]) A. A., S. LXXXVIII.

diesem, für die abendländischen Sprachen fremden, jedoch in mehreren ural-altaischen Sprachen, — unter anderen im Türkischen und Samojedischen — vorkommenden Vocal könnte *o* also entstanden sein, dass man, um die Verengerung des Lautcanals in dem gutturalen Articulationspunkte zu erleichtern, den unteren Kiefer und zugleich die untere Lippe sich hat heben lassen, wodurch labiale Vocalstellung zugleich mit der gutturalen entstanden ist. Dieses wäre nur eine ähnliche natürliche Mitbewegung der vorderen Mundorgane, wodurch auch die Entstehung der labial-palatalen Vocale *ö* und *ü* (die im Lappischen und Mordwinischen fehlen), in den westfinnischen Sprachen aus den entsprechenden reinen palatalen gedacht werden kann. Andrerseits erhält man *c* (= *ę*) aus *ŏ* durch eine unbedeutende Hervorschiebung der Zunge ohne Veränderung des Abstandes derselben vom Gaumen. Das livische *ọ* wiederum — im Fall unsere physiologische Analyse dieses Vocals richtig ist — wäre aus diesem *ę* durch eine gleichartige Accession der Labialvocalstellung wie bei *o* gebildet. Was vom Verhältniss zwischen *c* (= *ę*) und *ŏ* gesagt worden, gilt natürlich auch für *ej* (= *ęj*) und *öi*, *ie* (= *įe*) und *öö* (*öe*).

Was den Unterschied zwischen dem harten und weichen *i* anbelangt, so kann man aus der Art und Weise wie im Wepsischen und Ehstnischen zweisylbige Nominalstämme mit *i* in der ersten und *a* in der zweiten Sylbe ihre Pluralstämme bilden, darauf schliessen, dass dieser Unterschied auch in den fraglichen Sprachen früher vorgekommen, obgleich die respectiven Grammatiken einer verschiedenen Aussprache des *i* nicht erwähnen. Nur dadurch lässt es sich erklären, woher im Ehstnischen ein solcher Unterschied gemacht wird zwischen den Stämmen *ilma*, *linna*, *vitsa* und *pitka*, *silma*, dass man aus jenen die Pluralstämme *ilmu*, *linnu*, *vitsu*, aus diesen aber *pitki*, *silmi* erhält[1]); sowie auch, woher das Wepsische, ebenfalls in Uebereinstimmung mit dem

---

[1]) Vergl. Krohn, Viron Kielioppi, S. 33, *β*.

Finnischen, aus dem Stamme *silda* den Pluralstamm *sildöi*, aus *silma*, aber *silmi*[1]) bildet.

§ 21. Vocalwechsel. Ausser den obenangeführten regelmässigen Lautvertretungen trifft man in einzelnen Stämmen einen Wechsel verschiedener Vocale sowohl im Karelischen selbst, als auch zwischen dem Karelischen und der finnischen Schriftsprache an, wobei jedoch bemerkt werden muss, dass die ostfinnische Umgangssprache sich in vielen Fällen an das russ. Karelische anschliesst. Dieser Wechsel kann in folgende Kategorien getheilt werden:

1. Lange Vocale oder eigentliche Diphthonge mit entsprechenden kurzen Vocalen; z. B. *hijhna* Riemen, f. *hihna; huwhmare, huwmare* neben *huhmare* Holzmörser; *huwhta* Schwende, f. *huhta; huwhto-* spülen, f. *huhtoa; juohatta-* leiten, den Weg weisen, rathen, f. *johdattaa; juohtu- (mielch)* kommen (in den Sinn), f. *johtua; kuwndele-* horchen, gehorchen, neben nordkarel. *kuntele-; leätäkkö* Pfütze, nordkar. und f. *lätäkkö; moama* od. *moamo* und *mama* Mutter; *muwrehtu-* einschlafen (von Gliedern des Körpers) f. *murhettua; oalla, oala* unter, neben *alla; poarma* Strähne, f. *pasma; toatto* neben *tata* Vater; *voarnaha* und *vannaha* Pflugschar; *vuogra* Miethe, Arrende, f. *voura; siegla* Sieb, f. *seula*.

Und umgekehrt:
havi Fischhamen, f. *haavi; jähtü-* sich abkühlen, f. *jäähtyä, jähtyä; kükistä-* (reflex.) sich niederducken, f. *kyykistäitä; murda-*, nordkar. *muwrta-* brechen.

2. Weicher Vocal mit entsprechendem harten Vocal: *erä, erälläh, erilläh*, abgesondert, neben *era, erallah; kerä* Knaul, nordkar. *kera; pesä* Nest, neben *peza, pezo; piendere* Feldrain, nordkar. und f. *pientare; herkkä* leicht beweglich, f. *herkka, herkkä; kühnä-* säumen, zaudern, f. *kuhnata; sürveä-* anstossen, f. *survata; jüttü* Beschaffenheit, vergl. f. *juttu* Erzählung, Beschreibung, ehst. *ütlema*

---

[1]) Ant. i. Nord-tschud., S. 68, 69.

Sagen; *ńäppeä-* schnappen, haschen, nordkar. *nappa-;* *täpnä* Fleck, nordkar. *tapla*, *vängä-* gewaltig, gross, f. *rankka;* *öndü-* straucheln, vergl. f. *ontua* hinken.

Und umgekehrt:

mińńa Schwiegertochter, f. *miniä;* *hijhta-* Schneeschuh laufen, f. (ostf.) *hiihtää;* *ruppi, kruppi* Falte, Runzel, f. *ryppy;* *ajlasta-* stark schlagen, nordkar. *äjlästä-;* *ńolgi* Schleim, nordkar. *nölki;* *purgu-* Schneegestöber, f. *pyry*.

3. Labial-palataler Vocal mit einfachem Palatal:

höwrü Dampf, vergl. *häwräkkä* nebelig; *kübene* Funken, f. *kipenä;* *kütke-* aufreissen, jäten, f. *kitkeä;* *pūstū-* und *pistū-* schneiden (vom Messer); *pilzū-* und *pizū-* zurückbleiben, verbleiben; *kügrä* Puckel, nordkar. *käkrä;* *śürkkä, śürjä* neben *särkkä, śärkkä* Sandrücken; *pöllättä-* od. *pölättä-* schrecken, f. *peljättää;* *töge-* und *tege-* beschlafen (vergl. f. *teke-* machen).

Und umgekehrt:

lämbü- sich beugen, f. *lympyä;* *seäme* (statt *sä'äme*), f. *sydän;* *termä* Abhang, f. *törmä;* *viheldä-* pfeifen, nordkar. *vüheltä-*.

4. Palatale Vocale unter einander:

käźi- (Hand) in Zusammensetzungen wie *käźi-jänikse-* zahmer Hase, *käźi-pedra* zahmes Rennthier, f. adj. *kesy* zahm; *mäne-* gehen, f. *mennä;* *päpäldä-* und *pepeldä-* schwatzen.

5. Labial-gutturale Vocale unter einander:

mugoma solcher, f. *mokoma;* *mu*ţ*ojme* junge Frau, vergl. *morzejme* Braut; *ruhka* Stäubchen, Fäserchen, f. *roska*.

6. Uebrige harte Vocale und Diphthonge unter einander:

herjahta- wackeln, f. *horjahtaa;* *hulvoa-* den Schlag verursachen, f. *halvata;* *loiva* und nordkar. *laivie* schwach (vom Winde), f. *laimea;* *ropakko* Pfütze, f. *rapakko;* *adama* der grosse Bär, f. *otava;* *kowhko* Lunge, f. *keuhko;* *peigalo* Daumen, f. *peukalo;* ţ*uwrdu* und ţ*uortu* Haarlocke, f. *suortua*.

7. Weiche und harte Vocale unter einander:

häḍva und *hiḍva* Dunst; *kühnüstä-* säumen, zögern, f. *kuhnustaa;* nordkar. *puksut* Hosen, f. *pöksyt;* *rakko* und *rökkö* Blase.

8. Weiche Vocale und Diphthonge unter einander: *müö-* verkaufen, f. *myydä, myödä; restä-* behauen mit einem Beil, f. *reistää; eksü-* mit Nebenform *üöksü-* sich verirren.

§ 22. Nachdem wir die Consonanten des Anlauts und die Vocale der ersten Sylbe in den karelischen Wörtern also betrachtet haben, wollen wir einen Blick auf die Stämme werfen, deren Lautmasse sich nicht über dieses Element hinauserstreckt, d. h. auf die einsylbigen Stämme. Unter denselben trifft man mit kurzem Vocal nur einige Prominalstämme an, wie *tä, nä, se, si, ne, mi, ku, ke*, sowie auch das verneinende Zeitwort *e-*, die alle zu den in der Sprache meist angewandten Stämmen gehören, also wahrscheinlich auch am meisten abgenutzt sind. Alle die übrigen, deren Zahl sich jedoch kaum auf ein halbes Hundert erstreckt, haben einen langen Vocal oder Diphthong, der in den meisten Fällen durch Contraction der Vocale der ursprünglichen Wurzelsylbe und der zweiten Sylbe sich gebildet hat, nachdem der dazwischen befindliche Consonant verschwunden, also nicht durch Dehnung eines kurzen Vocals in einem ursprünglich einsylbigen Worte entstanden ist. Für diese Ansicht spricht der Umstand, dass alle die westfinnischen Sprachen in den entsprechenden Wörtern lange Vocale oder Diphthonge, nicht aber kurze Vocale haben[1]), sowie auch die vielen Parallelen mit zwei getrennten Vocalen oder wenigstens mit einem Consonanten nach dem kurzen Vocal der Wurzelsylbe. Vergl. z. B. *heä* (plur. tantum) Hochzeit und *hädä* Eile, *jeä* Eis, *pij* Zahn, Zacke, *peä* Kopf, mit den lappischen Formen *jigŋa, badne* und *bagje*[2]); *püw* und das dorpat.-ehstn. *püvi* Schneehuhn; *tüö* Arbeit, *täj* Laus, *roj* Butter, *üö* Nacht und die lappischen *duögje, dikke, ruogja, igja; moa* Land und *matka* Strecke, Abstand, Reise (zu

---

[1]) Auch im Wepsischen, wo der scharfe Unterschied zwischen langen und kurzen Vocalen theilweise verschwunden ist, tritt dennoch Dehnung des Vocals hervor, sobald der Stamm geschlossen wird.

[2]) Siehe Thomsen, Om den got. sprogkl. indfl., S. 21.

Lande), welches letztere ein Derivat mit der Endung -*ka* von einem ursprünglichen Stamm *mata* sein könnte, der sich im f. Verbalstamm *mata-* kriechen, *mato* Wurm, karel. *mado* Schlange und in anderen wiederfindet; *muw* Anderer und f. *mutka*, kar. *mukka* Biegung, Krümmung, Umweg; *peä* Ende und f. *pätkä* Stumpf, Endchen; *puw* Baum und f. *putke* Angelica; sowie auch die Verbalstämme: *juo-* trinken, lapp. *jukkat*, *jugam*, welches ein entsprechendes Wort *juke-* od. *joke-* im Finnischen voraussetzt; *müö-* verkaufen und russ. lap. *mikket*; *uj-* schwimmen, veps. *ujun*, lap. *vuogjat*; *voj-* vermögen, lap. *vuogjat*; *soa-* kommen, erhalten, und ehstn. *sadama*, von dem ursprünglichen Stamm *sata-*, woraus auch f. *sato* Ernte (= das Eingekommene) und *satama* Hafen (= Ankunftsplatz, Landungsplatz); *vie-*, *viä-* führen und *vedä-* ziehen, welches an vielen Orten statt des vorigen angewandt wird; die Pronominalstämme *miw*, *siw* und f. *minu*, *sinu*.

Consonanten zwischen den Vocalen der ersten und zweiten Sylbe.

Wir gehen nun zur Besprechung derjenigen Consonanten über, welche die Vocale der ersten und zweiten Sylbe von einander trennen, und nehmen dabei blos zweisylbige und derartige mehrsylbige Stämme in Betracht, wo die zweite Sylbe nicht durch einen Consonanten geschlossen ist, in denen man also annehmen kann, dass eine Consonantenschwächung nicht eingetroffen ist. Uebrigens lassen wir hier, wie bei der Behandlung der Anlautsconsonanten die Abweichungen ausser Acht, die in den nordwestlichen Theilen des russischen Karelen vorkommen, da dieselben am Besten für sich allein abgehandelt werden dürften.

§ 23. Kurz kommen in karelischen Stämmen die Consonanten *h*, *g* (*ġ*), *d* (*ď*), *n* (*ṅ*), *z* (*ź*), *r* (*ŕ*), *l* (*ľ*), *b*, *m*, die Halbvocale *j* und *v* sowie der Doppelconsonant *đ* vor.

§ 24. Lang werden nur die starken Explosivlaute *kk*, *tt*, *pp* und *ṭṭ* allgemein gebraucht.

§ 25. *hh, jj, nn (ńń), ss (śś), ll (ll̦), rr, mm, ww (wv)* trifft man nur in wenigen Stämmen an, von denen die meisten entweder entlehnt, onomatopoetisch oder in irgend einer Weise contrahirt sind, oder auch im Karelischen oder in anderen westfinnischen Sprachen Nebenformen mit anderen Consonanten als diese haben.

§ 26. *ll̦* vor anderen Vocalen als *i* bildet ebenso wie im Weps., Wot. und Liv. eine Verschmelzung des ursprünglichen *lj*; z. B. *hill̦a* sachte, langsam, f. *hilja*; *nell̦ä* vier, f. *neljä*; *zell̦a* Arzenei, slav. зелiе Kraut.

ńń ist in gleicher Weise aus *nj* in dem Worte *mińńa* Schwiegertochter, f. *minjä, miniä* entstanden.

śś kommt im Worte *uśśutta-* hetzen vor, von dem Hetzruf *uśśu*, und statt *sj* (*źi*) in den nordkarelischen Formen *aśśa* Sache, *hoaśśa* Gestell zum Trocknen von Heu und Getreide, *kośśo-* freien, für die südkarel. *aźia* od. *aźie*, *hoaźia, -ie, koźitte-* (f. *kosioita*).

dd̦ wird in den Wörtern *sudd̦a* Richter (r. судья), *ladd̦oa-* aufstapeln und *lodd̦a* (r. лодья) Barke angetroffen.

§ 27. Folgende Verbindungen zweier kurzen Consonantlaute kommen in karelischen Stämmen vor:

hk, hj, ht, hn (hr nur durch Metathesis von *rh); hl, hm, hv; (kt), ks, kś; gr, gl; ṅg; (j* am Schlusse einer Sylbe, ebenso wie *w* habe ich für Vocale angesehen, die mit dem vorhergehenden Vocal einen Diphthong bilden; sie sind daher hier weggelassen);

tk; țk, țp (dh nur in dem Stamm *pidhuo* Länge = *piduhuo), dr, dm, dv; d̦v; nh, nd, ńd̦; ñz; sk, śk, șk, st, śt, șt; zn, żr, ż l̦, zm, zv; rh, rg, rj, rd, rn, rz, rb, rm, rv; lg, ld, lz, lb, l̦b, lm, lv, l̦d̦; pn, ps, pś, pr; br, bl; ms, mb.*

Uebrige Verbindungen von zwei kurzen Consonanten, die nur in russischen Lehnwörtern angetroffen werden, sind:

kl, kl̦; tr, tl, tv; dn, dŕ, db; ńh, ńt, ńf; sh, śk, sj, śt, sm, śv; żn, żb, żm, żv; rl̦, rl; lt; pk; bl̦; mf, mt; fk.

Die Consonanten-Verbindung *kt* wird allerdings nicht ausgesprochen und im Allgemeinen nicht einmal in neuen Lehnwörtern geduldet, welches aus der Behandlung des russischen Wortes дѣютъ hervorgeht: dieses wird nämlich allgemein nicht tökti, sondern mit Umstellung der Consonanten tötki ausgesprochen. Wir müssen jedoch diese Consonanten-Verbindung in folgenden karelischen Stämmen als stattfindend annehmen: ükte ein, kakte zwei, lakte Bucht, läkte- losgehen, sich begeben, da k, das vor t in h übergeht, wieder hervortritt, sobald t vor i in s (š) verwandelt wird: ühte, Nom. ükši; kahte, kaksi; lahte, laksi; lähte- Impf. läkši¹).

Dem žr entspricht in der finnischen Schriftsprache hr, in der ostfinnischen Mundart tr; von diesen ist natürlich hr neuer als žr und daraus entstanden, dagegen hat man žr und tr als ebenbürtig, beide aus ursprünglichem str entstanden, zu betrachten; dieses ist wenigstens der Fall mit den Stämmen ažroame, f. ahrain, atrain Fischergabel vom r. остропа; kežrä, f. kehrä, keträ Rolle am Ende einer Spindel, vergl. mordv. kištir Spindel; f. ihra und itra Fett vom schwedischen ister; ebenso setzt der dritte karelische Stamm ožra Gerste, f. ohra, otra eine Urform ost(e)ra voraus, die sich jedoch nicht empirisch nachweisen lässt.

Ebenso wie žr sind auch die Consonanten-Verbindungen gr, gl, dr, br, bl ziemlich selten und dadurch bemerkenswerth, dass die meisten Stämme, in denen diese Verbindungen vorkommen, entlehnt oder onomatopoetisch sind.

Man hat oft hervorgehoben, dass die finnische Schriftsprache derartige Verbindungen wie die ebenerwähnten nicht duldet, sondern die explosiven Consonanten vor r und l schwächt²); wogegen die ostfinnische Mundart die ursprünglichen consonantischen Formen grösstentheils beibehalten hat. Wir müssen uns denken, dass dieser Uebergang durch

---

¹) Vergl. die lappischen okta, akta ein, guökte, guokta zwei, luokta Bucht, russ.-lap. liekted, lokta sich begeben, ehst. läkkima, gehen, und das Wiburg'sche Substantiv läkki (statt läkti) Abreise z. B. tehhä läkkii sich zur Abreise rüsten.

²) Siehe z. B. Kulturwörter S. XIII, Om den got. sprogkl. indfl., S. 21.

Vermittelung des zunächst stehenden Halbvocals vor sich gegangen ist, da es zur Erleichterung der Aussprache hier galt die vollständige Articulation aufzuheben und zugleich die tönende Stimme beizubehalten, welche sowohl in dem vorhergehenden Laute (Vocal) als auch im folgenden *r, l* vorkommt. So erhielt man z. B. aus *kakra* od. *kagra* Hafer, *mäkra* od. *mägra* Dachs, *takla* od. *tagla* Zunder, *eklen* od. *eglen* gestern, *atra* od. *adra* Pflug, *tetri* od. *tedri* Birkhahn, *kapris* od. *kabris* Hammel, *äpräs* od. *äbräs* jäher Abhang, *kaplas* od. *kablas* Schlittenfessel, die Formen *kagra, mägrä, tagla, eglen, adra tedri, kauris, äwräs, kawlas*, aus denen die jetzt gebräuchlichen finnischen Formen *kaura, mäyrä, taula, cilen* oder *cylen, öylen, arra, terri* nebst *aura, teyri, töyri, kauris, äyräs, kaulas* sich leicht herleiten lassen.

§ 28. Folgende Verbindungen eines kurzen Consonanten mit einem langen sind von uns wahrgenommen worden: *ukk; ntt, ntt; rkk, rtt, rtt, rss, rpp; lkk, lkk, ltt, ltt, lpp; mpp, mss*.

§ 29. Verbindungen dreier Consonanten werden nur in zwei karelischen Stämmen angetroffen: *rsk* in *herskahta-* schwanken, weichen und *rśt* in *terśtawtta-* od. *terśtautta-* Sättigung oder Ueberdruss verursachen; die nur spärlich vorkommenden übrigen Wörter mit derartigen Verbindungen sowie *htr, ntk, lst, rdn, rst, rsn, pts* sind dem Russischen entlehnt.

§ 30. In einigen Stämmen kommt bisweilen in der Nähe von Poaen eine Umstellung der Consonanten vor, z. B. *ruznaha* anstatt *ruñzaha* reichlich, *tahnua* statt *tanhua* Viehstall, *tahra* statt *tarha* Heuboden, *vahna* statt *vanha* alt.

§ 31. Schliesslich bleibt uns noch übrig einen Blick auf die Stämme zu werfen, die keinen Consonanten zwischen den Vocalen der ersten und zweiten Sylbe haben. Solche Stämme kommen nur ausnahmsweise vor: man trifft sie blos in den südlichen Gegenden Karelens (*Poaen* und *Reboĺa*) an, wo dieselben durch Wegfallen eines Consonants oder Halbvocals entstanden sind. In anderen Gegenden sind diese Laute entweder geblieben, oder auch sind nach Abwerfung derselben die sie umgebenden Vocale contrahirt und dadurch die resp. Stämme einsylbig geworden. So sagt man in der Gegend von Poaen *miä* ich, *śiä* du, statt des allgemein karelischen *mie*, *sie* vom f. *minä*, *sinä;* P. *śia* = d. allg. kar. *sija* Platz; P. *kua* Bild, *sue*, Nom. *sui* Süden, *hüä* gut, *tüe*, Nom. *tüi* Wurzelende = d. allg. kar. *kuva*, *suve*, Nom. *suvi*, *hüwä*, *tüve*, Nom. *tüvi;* P. *hau*, *sau*, *väü* = nordkar. *havu*, *savu*, *vävü*, die wiederum in Rebola einsylbig: *haw*, *saw*, *väw* ausgesprochen werden. Was das Verhältniss zwischen den Formen mit und ohne *v* betrifft, so brauchen wir nicht anzunehmen, dass in jedem Fall die letzteren aus den ersteren entstanden sind, sondern beide können gemeinsame Urformen haben, indem nämlich die ersteren einen ursprünglichen Explosiv-Consonanten durch *v* ersetzt, die letzteren denselben abgeworfen haben. Vergl. z. B. *tüe*, *tüve* und den finnischen Partikelstamm *tykö*, bei Agricola *tyke* Nähe, wobei ein ähnlicher Uebergang der Bedeutung vor sich gegangen zu sein scheint wie im ehstnischen Wort *jür* Wurzel, Nähe; *hau*, *haw*, *havu* und das tavastländische *hako;* *sau*, *saw*, *savu* Rauch und f. *sako* Bodensatz.

Die Vocale der zweiten Sylbe.

§ 32. In der zweiten Sylbe karelischer Wortstämme werden alle kurzen Vocale *a*, *ä*, *e*, *i*, *o*, *ö*, *u*, *ü*, alle eigentlichen Diphthonge *oa*, *eä (öä)*, *ie*, *uo*, *üö* sowie die uneigentlichen auf *w* auslautenden Diphthonge angetroffen. Von den langen Vocalen kommen nur *uw* und *üw* (nicht *ij*) bisweilen vor. Die uneigentlichen Diphthonge auf *j*, die in den verwandten Sprachen vorhanden sind, werden im Karelischen gewöhnlich in der Weise verkürzt, dass *j* abgeworfen wird oder mit dem folgenden Consonanten verschmilzt, wodurch dieser palatalisirt wird, z. B. *rebo* Fuchs statt *reboj;* hieraus *Rebola* statt *Reboj-la*. Doch sind alle diese langen Vocale und Diphthonge entweder durch Contraction der Vocale der ursprünglichen zweiten und dritten Sylbe, oder auch durch Anfügung von Ableitungssylben entstanden; wir schieben deren nähere Behandlung bis auf Weiteres auf und betrachten hier nur die Vocale des Auslautes in zweisylbigen Stämmen.

§ 33. Was nun die zweisylbigen Stämme auf *o* und *ö* betrifft, so kommen unter denselben folgende vor:

1) Eine Menge Lehnwörter: *ahjo* Esse, *ajro* Ruder, *bokko* Hammel, *hebo* Pferd, *kello* Glocke, *luukko* Lauch, *oaldo* Welle, *pallo* Ball, *peldo* Acker, *kallo* Schädel.

2) Viele Wörter, die mit der Ableitungsendung *j* gebildet sind, obgleich diese Endung im Karelischen aus den Verbalstämmen gänzlich verschwunden ist und auch in Nominalstämmen nur in einigen Gegenden Nordkarelens im Partit. Sing. vor einem Possessivsuffixe hervortritt; z. B. Nom. *toatto* Vater, Gen. *toaton*, Part. *toattuo* (von *toatto-a*), mit dem Suff. der 3. Person *toattuoh* oder *toattojah*. Wir nehmen hier die von uns im russischen Karelen angetroffenen zweisylbigen Stämme, die mit der Endung *j* abgeleitet sind, vollständig auf, wobei wir ausser dem russ. Karelischen selbst, die Mundarten zu Rathe gezogen, wo dieses *j (i)* sich besser bewahrt hat, nämlich das Finnisch-Karelische, das Savolaxische, die Sprache des südlichen Oesterbotten[1]), die Liwgisprache[2]) und das Wepsische. Diese sind:

a) Nominalstämme: *eno* Hauptader eines Flusses, *harkko* Eisenmulde, *himo* Begierde, *kelo* verdorrter Baum, *kero* Kehle, *kokko* Adler, *korwo* Zuber, *kowhko* Lunge, *kukko* Hahn, *lembo* böser Geist, *luppo* Seeblumenblatt, *moamo* Mutter, *metto* Auerhahn, *pujkko* Splitter, *rakko* Blase, *rebo* Fuchs, *rieppo* getrocknete Rübe, *talo* Gehöft, *toatto* Vater, *tjkko* Schwester, *wejkko* Bruder, *häkkö* (?) kleiner Ochs, *hölmö* Tölpel, *rökkö* (?) Blase, *tüttö* Mädchen, *ämmö* Grossmutter;

b) Verbalstämme: *ajgo-* zu Stande bringen, *hawdo-* wärmen, *hoaro-* sich verzweigen, *kisko-* (?) reissen, *lippo-* spritzen, werfen, *lohko-* spalten, *pengo-* wühlen, *puno-* flechten, *sago-* sich trüben, *survo-* stossen, *tahto-* wollen, *tarbo-* mit der Störstange Fische ins Netz jagen, *ratvo-* schütteln, *vido-* schwingen.

---

[1]) Aminoff, Etelä-Pohjanmaan kielimurteesta Tutkimus, S. 68.
[2]) Vergl. Suomi II Jakso, 8:s osa, S. 219.

3) Uebrige Derivate.

Uebrigens hat man zu beachten, dass ö im Auslaut keines einzigen Verbalstammes und nur in einem halben Dutzend nicht abgeleiteter Nominalstämme vorkommt.

§ 34. Wie bei den Stämmen auf o und ō, so kommen auch bei denen auf u, ü und i eine Menge Neubildungen und Lehnwörter vor, wodurch die Anzahl der mit diesen Vocalen auslautenden Stämme, die man als primitiv anzusehen hat, sehr gering wird.

§ 35. Dagegen erscheinen die Stämme auf a, ä und e schon bei einem flüchtigen Blick als primitiv, denn obgleich es auch unter diesen eine grosse Anzahl älterer und neuerer Lehnwörter giebt, so sind die meisten doch so beschaffen, dass sie weder von fremden Sprachen noch von anderen Stämmen sich herleiten lassen. Sowohl aus diesem Grunde als auch wegen ihrer Menge[1]) hat man diese Stämme für den Kern des Wortvorrathes anzusehen, welcher Umstand für die richtige Auffassung der Veränderungen der Auslautsvocale bei Ableitungen von Gewicht ist.

Consonanten die zwischen den Vocalen der zweiten und dritten Sylbe oder weiterhin im Worte stehen.

§ 36. Von den kurzen Consonanten kommen in karelischen Stämmen folgende vor: *h, n, z (ž), r, l, m, j, v;* dagegen werden *k, t, p, s,* d₁ gar nicht angewandt und *g, d, b* nur in neueren Lehnwörtern oder nach langem Vocal oder Diphthong, sowie in den Wörtern *žemtuga* (neben *žimtukka*) echte Perle (r. жемчугъ), *nagrouda* Belohnung (r. награда), *andauda-* sich geben, *koroba* korb (r. коробъ).

§ 37. Von den gedehnten Consonanten werden *kk, tt, ll, pp,* sowie in Lehnwörtern und Ableitungen *nn, ss, šš, ll, mm* gebraucht.

---

[1]) Wenn man nämlich die neueren Lehnwörter und offenbaren Ableitungen ausschliesst, so bilden die Wörter auf *a, ä* und *e* ungefähr 70% von der ganzen Anzahl der im Karelischen gebräuchlichen zweisylbigen Stämme.

§ 38. Folgende Verbindungen zweier kurzen Consonanten kommen in karelischen Stämmen vor:
hk, ht, hn, hl, hm; ks (kš); ṅg; nd; sk; st; rd, rn, rv; ld, lm; mb;
und in russischen Lehnwörtern:
hp neben *hv; tk* (neben *tt), tf; ṭk; ṅh, nk, ṅj, ṅl̦* (neben *ṅl̦l̦); šk, št, sn; zṅ, žn; rm; l̦j, ls, zl̦, bl.*
§ 39. Eine Verbindung eines kurzen und langen Consonanten habe ich nur in einem karelischen Stamme angetroffen, nämlich *rkk* im Worte *soperkka* Tauchervogel; sonst kommen derartige Verbindungen nur in russischen Lehnwörtern vor, nämlich:
ntt, ṅl̦l̦; rkk, rtt; lkk, sowie eine Verbindung dreier Consonanten *rsv.*

Die Vocale der dritten und darauf folgenden Sylben.

§ 40. In der dritten und in den folgenden Sylben kommen alle kurzen Vocale vor, lange Vocale werden blos ausnahmsweise angetroffen und Diphthonge entstehen nur durch Anfügung von Endungen, woher dieselben am geeignetsten im Zusammenhange mit der Lehre von den Veränderungen der Laute abgehandelt werden dürften.

Der Auslaut.

§ 41. Alle karelischen Stämme schliessen ebenso wie die Wortstämme in den übrigen westfinnischen Sprachen mit einem bestimmten Vocal[1]) — uneigentlich Bindevocal ge-

---

[1]) Auch für das Ehstnische und Livische ist man genöthigt derartige Stämme anzunehmen, so imaginär dieselben den respectiven Grammatikern auch vorkommen mögen, denn nur aus solchen Stämmen d. h. aus Wörtern, die aller zufälligen, durch Abnutzung oder durch Hinzufügung von Endungen verursachten Veränderungen entkleidet sind, lassen sich die verschiedenen Beugungsformen ableiten, nicht aber aus einander oder aus dem oft verstümmelten Nominativ. Vergl. Wiedemann, Gr. d. Ehstn. Spr., S. II.

nannt — der jedoch vor Endungen oder in Nominalstämmen oft schon im Nominativ abgeworfen wird, oder auch in einen anderen Vocal übergeht; daher kommen Consonanten am Schlusse der Wörter nur in gewissen Beugungsformen, sowie auch im Nominativ Sing. der Nomina vor. Die Zahl der auslautenden Consonanten ist jedoch ziemlich beschränkt: im Auslaut karelischer Wörter kommen weder lange Consonanten noch Consonantenverbindungen und nur folgende kurze Consonanten vor: *h, t, n, s (š), r, l* sowie *m*, das bisweilen mit *n* wechselt; z. B. *om = on* ist, *jouṭem = jouṭen* Schwan[1]).

Abweichungen hiervon kommen nur in rascherer Rede vor, wo die Worte unmittelbar auf einander folgen und der Anlaut des folgenden Wortes auf den Auslaut des vorhergehenden einwirkt; *t, s (š)* können also vor einem Vocal, Halbvocal oder anderen tönenden Sprachlauten mit tönender Stimme ausgesprochen werden, und daher in *d, z, (ž)* übergehen; *n* wird vor gutturalen Consonanten oft in *ṅ* und vor labialen in *m* verwandelt, und da der Vocal des Auslautes vor einem Vocal häufig wegfällt, so kommt oft ein Consonant, der ein anderer sein kann als die oben aufgezählten, oder auch eine Consonantenverbindung am Ende des Wortes zu stehen; z. B. *kalliž-g' on* für *kalliš-go on, kažie enämb' elä ossa* für *kažie enämbi elä o.; kuss' on Suwtka* für *kussa on S., pisti karahutt' akkoa* für *p. karahutti a.*

Nachdem wir so die Lautmasse der karelischen Stämme durchgenommen und dabei nur die einzelnen Laute und Lautverbindungen für sich ohne Rücksicht auf deren Abhängigkeit von einander betrachtet haben, wollen wir jetzt zur Darstellung einiger allgemeinen Gesetze übergehen, die

---

[1]) *J* und *w* die auch am Schluss der Wörter nach einem Vocal vorkommen, zählen wir zu den Vocalen, sowie auch den Nasallaut *ñ*, der oft für *n* auftritt, vergl. § 2.

theils das ganze Wort beherrschen, theils das gegenseitige Verhältniss der in einem Worte vorkommenden Laute und deren Abhängigkeit von einander bestimmen.

Der Accent der Wörter.

§ 42. Der Hauptaccent ruht regelrecht auf der ersten Sylbe der Wörter; in vier- und sechssylbigen Wörtern haben ausserdem die dritte und fünfte Sylbe einen Nebenaccent, der dieselben vor den sie umgebenden Sylben mehr oder minder deutlich hervorhebt. In einzelnen Wörtern ist jedoch der Haupton in Folge einer Art Emphasis auf die zweite oder dritte Sylbe verlegt worden, z. B. *ühélläh* gleichwohl, *kajkítti* beständig, *täuźikkäźe* ganz voll, *jogohiźe* ein jeder, *etähöätä* von fern her, *ojgiákkaźe* ganz gerade.

Vocalharmonie.

§ 43. Die Vocalharmonie in der Bedeutung, die man diesem Worte gewöhnlich zu geben pflegt, besteht physiologisch betrachtet darin, dass die palatale oder nicht palatale Stellung, welche die Zunge zur Aussprache des ersten Vocals eingenommen hat, für alle die folgenden Vocale des Wortes bestimmend wird, indem die Zunge nicht mehr aus dieser Stellung gebracht werden, sondern entweder nur auf der palatalen Linie *ä—e—i* oder ausserhalb derselben nur von *a* nach *ŏ* und *y* oder nach *ę* und *į*, oder nach *ē* sich bewegen kann. Die Lippen sind hierbei neutral, indem die labiale Vocalstellung sich ebensowohl mit der palatalen als der nicht palatalen verbinden lässt, auch ohne dass ein anderer labialer Vocal in demselben Worte vorhanden ist. Demnach kann im Karelischen, ebenso wie im Finnischen, dasselbe Wort entweder lauter weiche, d. h. palatale oder labial-palatale Vocale *ä*, *e* (= *ę*), *i* (= *į*), *ö*, *ü*, oder auch lauter harte, d. h. nicht palatale Vocale *a*, *e* (= *ę*), *i* (= *į*), *o*, *u* haben.

Das Verhältniss zwischen tönenden und tonlosen Explosivconsonanten und Spiranten.

§ 44. Wenn man die oben gegebene Darstellung der Consonanten des An-, In- und Auslautes im Zusammenhange durchgeht, und dabei die neueren russischen Lehnwörter, die noch in mancher Hinsicht ausserhalb der karelischen Lautgesetze stehen, nicht in Betracht nimmt, so findet man, dass *g*, *d*, d̦, *b*, *z*, *ź* und *ž* nur ausnahmsweise im Anlaut und niemals im Auslaut vorkommen. Auch im Inlaut werden dieselben blos kurz und zwar in folgenden Fällen angetroffen: a) zwischen Vocalen; b) zwischen einem Vocal und einem der Consonanten *n*, *r*, *l*, *m*, *v*; c) zwischen einem der Consonanten n̦, *n* (ñ, *j*, *w*), *r*, *l*, *m* und einem Vocal; mit einem Wort: **die tönenden Explosivconsonanten und Spiranten kommen nur zwischen intonirten Sprachlauten, jedoch niemals lang, auch nicht in Verbindung mit einander vor**[1]).

Was die tonlosen Explosivconsonanten und Spiranten *k*, *t*, ț, *p*, *s*, *ś*, *š* betrifft, so ist das Verhältniss umgekehrt: solche Consonanten stehen im An- und Auslaute, und sie werden auch im Inlaute gedehnt, in Verbindungen mit einander und zwischen einem tonlosen (*h*) und einem intonirten Laute (Vocal), dagegen nie zwischen zwei tönenden Sprachlauten angetroffen[2]).

Wir sehen also, dass zwischen den tönenden und tonlosen Explosivconsonanten und Spiranten ein bestimmtes Verhältniss in der Weise besteht, dass sie einander vervoll-

---

[1]) Eine Ausnahme bildet nur das Wort *pidhuo* Länge mit *d* zwischen Vocal und *h*; dasselbe ist jedoch contrahirt aus *piduhuo*, welches neben *pituruo* im Karelischen ebenfalls angewandt wird.

[2]) Die einzigen in karelischen Wörtern angetroffenen Abweichungen von dieser Regel sind:

p zwischen einem Vocal und *n* in den Wörtern *koapńi-* an sich reissen, *ťipńi-* mausen, *täpnä* Fleck, zwischen einem Vocal und *r* im Worte *pepri-* wälzen, sowie *s* zwischen *m* und einem Vocal im Worte *komsa* Korb von Birkenrinde.

ständigen, und dass man beinahe in jedem Falle entscheiden kann, ob ein intonirter oder tonloser Laut anzuwenden ist, wenn nur die zunächst stehenden Laute bekannt sind.

§ 45. Eine durchweg vorkommende Ausnahme von dem im vorigen § angeführten Gesetze bilden dreisylbige Stämme, deren zweite Sylbe durch einen Consonanten geschlossen ist: diese Stämme haben nämlich oft im Beginn der zweiten Sylbe einen tonlosen, nicht aber einen tönenden Explosivconsonanten zwischen intonirten Lauten. Derartige Consonanten hat man jedoch für regelmässige Schwächungen langer Consonanten anzusehen, obgleich Stammwörter mit solchen langen Consonanten sich nicht immer nachweisen lassen; z. B. *kükistä-* (refl.) sich niederducken, *lutikka* Wanze, *mańtikka* Erdbeere (vergl. das in den Runen vorkommende *mańtti- marja*), *jämpäkkä* steif, *kampastu-* entschleichen, nicht *kügistä-*, *ludikka*, *mańdikka*, *jämbäkkä*, *kambastu-*.

§ 46. Dieses Gesetz, das in Betreff des Inlautes auch in der Liwgisprache und im Wepsischen[1]), sowie seinen Grundzügen nach auch im Ehstnischen[2]) und im Livischen Geltung hat, obgleich die Abwerfung der Vocale, die Kürzung und Dehnung der Consonanten hier störend auf dasselbe einwirken, herrscht jedenfalls nur in dem südlichen und östlichen Theile des Gebietes der olonetz'schen und archangelschen Karelier, sowie im twerschen Karelen, wogegen die Sprache in den nordwestlichen, an Finnland angrenzenden Gegenden entweder der Consonanten g, d, $ḑ$, b, z, $ź$, $ż$ gänzlich ermangelt, und dieselben durch entsprechende tonlose Consonanten ersetzt, oder die tönenden Consonanten nur in einigen von den in § 44 aufgezählten Fällen anwendet. Im

---

[1]) Vergl. Suomi, Toinen Jakso, 8:s osa, S. 207, 208, 210, und Kieletär, I Nidos, 4 vihko, S. 10.

[2]) Die von Krohn aufgestellte Regel, Viron Kielioppi § 2 a) 1) welche nur den vorhergehenden Laut als für die Intonation bestimmend angiebt, ist unvollständig und unrichtig, denn nach derselben müssten z. B. die finnischen *kaksi, lapsi, pitkä* von ehstnischer Zunge *kags, labs, pidk* und nicht wie es wirklich der Fall ist, *kaks, laps, pitk* ausgesprochen werden.

Westen an der finnischen Grenze erstreckt sich das Gebiet der schwach-consonantischen Sprache, wie sie im Vorhergehenden beschrieben worden, nach Norden hin bis zum Dorf *Roukkula*, nördlich von *Rebola*, worauf die absolut starke Sprache vom Dorf *Mijnoa* an unmittelbar beginnt; im Osten dagegen bildet der Fluss *Kem* die nördliche Grenze des schwachen Idiom's; doch wird nördlich von demselben eine einzelne Oase angetroffen, wo die tönenden Consonanten vorkommen, nämlich in *Pilzjärvi* und wahrscheinlich auch in anderen dem Weissen Meere zu belegenen Dörfern, welche zu besuchen ich nicht Gelegenheit hatte. — Die durchaus stark-consonantische Mundart erstreckt sich, wie schon erwähnt, von *Mijnoa* im Süden bis zur Grenze des karelischen Gebietes im Norden und von der Grenze Finnlands im Westen einige Meilen nach Osten hin, worauf eine Uebergangsmundart beginnt, in welcher tönende und tonlose Consonanten mit einander derart abwechseln, dass die tönenden Consonanten, je weiter man nach Osten kommt, um so mehr überhand nehmen. Eine umständliche Dartellung dieser Uebergangsmundart würde uns jedoch zu weit führen, da bestimmte Regeln über die Anwendung tonloser und tönender Consonanten sich nicht einmal für ein bebeschränktes Gebiet aufstellen lassen und sogar die Anzeichnungen, die aus demselben Dorfe vorliegen, nicht immer übereinstimmen, welcher Umstand auf individueller Verschiedenheit der Aussprache beruht. Oft ist auch auf diesem Gebiet die Intonation so schwach, dass man unschlüssig ist, ob man das Zeichen eines tönenden oder eines tonlosen Consonanten anzuwenden hat. Ich bin daher genöthigt mich hier auf einige allgemeine Bemerkungen einzuschränken. Am empfänglichsten für Intonation sind die Spiranten; so hört man oft in Gegenden, wo die Sprache übrigens nur tonlose Explosivconsonanten hat, solche Formen wie *tojžen* statt *tojšen, sen näköžellä* statt *sen näköšellä* u. s. w. Die meist westlich gelegenen Ortschaften, in denen ich intonirte Explosivconsonanten, jedoch nur bei gewissen Individen wahrgenommen habe, sind *Suurijärvi* westlich vom mittleren

Tuoppajärvi und *Jüvöälaksi* von der Wuokkiniemischen Kirche nach Osten zu; z. B. (Surwrij.) *randah, tuldih* neben *tiekunta, tultuo;* (Jüv.) *ombelow, rubej* neben *ompelow, rupej.* Jedoch erst in *Suolapohja* an der südlichen Spitze von Tuoppajärvi, *Kurki* südlich von Suolapohja, *Jüskijärvi* am Kemi und *Luvajärvi* am Ṭirkka-kemi fängt die Anwendung intonirter Consonanten an allgemeiner zu werden, wobei man im Allgemeinen Folgendes wahrnehmen kann: zuerst treten im äussersten Westen *k, g, d, ḍ, b, z (ź, ż)* in Lehnwörtern, sowie zwischen Vocal und intonirten Consonanten, in Analogie des Wotischen auf, z. B. *braga, doroga, grožni, kagra, kodva, hidva, kobra, ožra;* darauf, je mehr man sich dem Gebiet der weichen Mundart nähert, zwischen einem Nasalconsonanten und einem Vocal, z. B. *hengen, randa, lambi, kañza;* alsdann zwischen anderen intonirten Consonanten und Vocalen z. B. *arge, peldo, kärbäźc, kalzu,* und schliesslich zwischen Vocalen wie in der südöstlichen Mundart.

§ 47. Den Umstand, dass die Sprache im nordwestlichen Karelen der Consonanten *g, d, ḍ, b, z, ź, ż* theilweise oder gänzlich entbehrt, hat man sonder Zweifel dem Einfluss des Finnischen zuzuschreiben; denn auch in anderer Beziehung hat die Suomisprache, in Folge zahlreicher finnischer Einwanderungen, beständiger Reisen der Karelier in unserem Lande und ihres Aufenthaltes in demselben, einen grossen Einfluss auf das Karelische ausgeübt. Im Finnischen kommen nämlich, mit Ausnahme der östlichen, an Olonetz angrenzenden Gegenden und einiger Orte im südwestlichen Finnland, die Consonanten *g, d, ḍ, b, z, ź* und *ż* gar nicht vor, denn das in der finnischen Schriftsprache gebräuchliche *d* ist, wie schon oben erwähnt = d *(r, l)* und *g* wird nur mit *n* als Zeichen für *ñn* angewandt: *hengen = hennen.*

Hier tritt uns jedoch die Frage entgegen: steht die südöstliche Hauptmundart des Karelischen auf einem älteren Standpunkt als die nordwestliche? Oder, um der Frage eine weitere Fassung zu geben: hat die Suomisprache früher intonirte Explosivconsonanten und Spiranten gehabt, wie dieses in allen verwandten Sprachen der Fall ist, und dieselben darauf eingebüsst, oder haben dieselben in der westfinnischen Ursprache gefehlt und sich erst späterhin bei den ausserhalb Finnlands wohnenden Völkern entwickelt.

Der ersteren dieser Ansichten scheint Thomsen[1]) beitreten zu wollen, verwechselt jedoch Intonation, d. h. Verbindung der Articulation mit der tönenden Stimme, und Consonantenschwächung, d. h. Aufhebung der vollständigen Articulation, mit einander; ausserdem geht er von der ganz grundlosen Annahme aus, dass im Finnischen ursprünglich in allen Fällen g, d, b statt k, t, p vorgekommen seien, wo jetzt Schwächung (Vermilderung, Tenuation) dieser Consonanten stattfindet.

Wollen wir z. B. den physiologischen Hergang bei der Aussprache von *kota* und *koda* in Betracht nehmen. Die Aussprache von *o* und *a* erfordert, dass die Stimmritze zusammengezogen und die Stimmbänder in vibrirende Bewegung gesetzt werden; soll nun *t* zwischen diese Vocale treten, hat man beim Ausführen der dentalen Articulation die Stimmbänder loszulassen, so dass die Stimmritze sich öffnet; sobald aber die Articulation aufhört, muss man die Stimmbänder sogleich so spannen, dass dieselben zu vibriren anfangen und das zur Aussprache von *a* erforderliche Vocalelement, die tönende Stimme entsteht. Bei der Aussprache von *koda* dauert dagegen die Spannung und Vibration der Stimmbänder fort, sobald dieselbe einmal mit *o* begonnen, bis das Wort mit *a* aufhört. Welche Ansicht ist nun natürlicher und mit der fast allen Lautveränderungen zu Grunde liegenden vis inertiae mehr übereinstimmend, nämlich dass die Spannung und Vibration der Stimmbänder während der Articulation ursprünglich stattgefunden und späterhin ohne irgend eine sichtbare Ursache aufgehoben worden ist, oder dass der Consonant ursprünglich tonlos gewesen aber später dadurch intonirt worden ist, dass man die Spannung

---

[1]) Siehe Den got. Sprogkl. indflyd., S. 24 u. 25.

und Vibration der Stimmbänder, die sowohl vor als nach dem Consonanten stattfindet, auch während der Articulation hat ununterbrochen fortwirken lassen? Natürlich die letztere.

Ausser diesem rein physiologischen Grunde, der von einer späteren Entstehung der erwähnten intonirten Consonanten zeugt, können noch andere hervorgehoben werden. Die meisten mehrsylbigen und viele zweisylbige Stämme müssen für Herleitungen angesehen werden. Die Ableitungs- und Beugungsendungen haben in den westfinnischen Sprachen, in denen die intonirten Consonanten vorkommen, doppelte Formen mit tonlosen und tönenden Consonanten. Bei der Wahl derselben folgt die Sprache der oben angeführten Regel, dass nämlich tönende Consonanten zwischen intonirten Sprachlauten, tonlose in übrigen Fällen vorkommen. Nun ist jedoch jegliche Herleitung und Beugung ursprünglich eine Zusammensetzung, d. h. die Endungen bilden Verbleibsel von ursprünglich selbständigen Wörtern, die allmählich abgenutzt worden sind. Wie (§§ 5, 8) gezeigt worden, ist kein intonirter Explosivconsonant oder Spirant ursprünglich im Anlaute westfinnischer Wörter vorgekommen, also auch nicht in den Endungen. In allen abgeleiteten Wörtern und Beugungsformen müssen folglich die intonirten Consonanten neuer sein als die tonlosen, z. B. *tä-gä-lä-jźe, si-dä, miel-dü, vähen-dä-, juo-bu-* neuer als *tä-kä-lä-jśe, si-tä, miel-tü-, vähen-tä-, juo-pu-*.

Schliesslich gewahren wir, dass intonirte Consonanten auch im Anlaut aus tonlosen entstehen, falls zwei Wörter, von denen das erstere mit einem tönenden Sprachlaute schliesst, in enge Verbindung mit einander treten. Beispiele eines solchen Ueberganges, der in den entfernter verwandten Sprachen, z. B. im Mordwinischen[1]) und Tscheremissischen[2]) Gesetz ist, bietet unter den westfinnischen Sprachen das

---

[1]) Ahlqvist, Versuch einer Mokschamordwinischen Grammatik, § 32, siehe die Beispiele.
[2]) Castrén, Elementa Grammatices tscheremissae, S. 6 u. 7, Mom. 6.

Livische[1]) in Menge dar; einzelne derselben können auch in der Liwgisprache und im Karelischen nachgewiesen werden, z. B. *hänen gera, min däh* statt *hänen kera, min täh*.

Aus allen diesen Gründen sehe ich es für unzweifelhaft an, dass das Finnische und die Sprache im nordwestlichen Karelen, die keine tönende Explosivlaute und Spiranten haben, auf dem ältesten Standpunkte stehen, und dass diese Consonanten in den übrigen westfinnischen Idiomen erst später durch Einwirkung vorhergehender und nachfolgender intonirter Laute und möglicher Weise auch unter dem Einfluss der Sprachen der benachbarten Völker arischen Stammes entstanden sind.

Die palatalisirten oder mollirten Consonanten.

§ 48. Oben (§ 1) haben wir unter den Consonanten, die im Karelischen mollirt vorkommen, die gutturalen *k* und *g* angeführt. Dieselben werden jedoch nur im östlichen Karelen an der Sprachgrenze mollirt angetroffen, als eine individuelle Eigenthümlichkeit solcher Personen, die das Russische eben so rein wie ihre Muttersprache reden, in den übrigen Fällen dagegen werden sie hart ausgesprochen, z. B. *k̆ego, k̆irves, ŕeǵi* statt der allgemein karelischen *kego, kirves, regi*.

Wir betrachten hier daher nur die palatalisirten Dentalen *t́, d́, ń, ś, ź, ŕ, ĺ*, die mit Ausnahme von *ź* und *ŕ* auch gedehnt vorkommen. Hierbei ist Folgendes wahrzunehmen: mit Ausnahme der russischen Lehnwörter, wie z. B. *Pij́eri*, St. Petersburg, *ośa* Achse, *kuĺa* od. *skuĺa* Mehlsack, *koaŕoj* rothbraun, und derjenigen einheimischen, die mit *ń* (§ 6) anlauten, kann man in allen übrigen Wörtern nachweisen, dass die Mollirung der dentalen Consonanten durch den palatalen Halbvocal *j* oder einen der palatalen, labial-

---

[1]) Sjögrens Livische Grammatik nebst Sprachpr., S. 20 u. 21, Mom. 13, s. Beispiele.

palatalen oder palato-gutturalen Vocale: *i, e, ä, ū, ö* entstanden ist. Allgemein, über das ganze Gebiet verbreitet, trifft man die Mollirung nur nach und vor *j* und *i* an; vor den übrigen eben erwähnten Vocalen kommt dieselbe blos in den östlichen Gegenden (Poaen, Kompakka, Sujgujärvi, Poańarvi) vor, wo das Russische allgemeiner bekannt ist und daher auch einen grösseren Einfluss auf das Karelische ausgeübt hat. Wenn man z. B. in Poaen *śe ütťäťeťäh, ńe händä, tüöndäw, tüťťäreśťä* sagt, in Kompakka: *hejťďä, sündüjäh ńähen, tüö ťähťi, soaten, häneťťä*, in Sujgarvi: *kibewdün, händä, hänellä, müťüťťä*, in Poańarvi: *peäťťü, śijťä, ťäťä, viheľďüw, ńäjt, päjvänä* — dagegen aber in Pilźjärvi: *tüöndäw, hänellä, peällä*, in Jüsküjärvi: *päjtä, jälelläh, tüönneťťih, sielďä*, in Jańgärvi: *ťiedämäťťömällä*, in Luvajärvi: *hejtännüh, hierďäw, peäksekkäh*, in Nogeus: *näwťťäw, täďä, ťähellä, sijdähüsseh*, in Liedma: *lüpsät, venehtä*, in Rebola: *süwwä, läkkä, pidäw, mäne, müöte*, so hat man in jenen Fällen die Mollirung dem Einfluss des Russischen zuzuschreiben. Denn die Aussprache mollirter Consonanten erfordert, dass der Zungenrücken zugleich mit der eigentlichen Articulation sich gegen den palatalen Punkt zu der Stellung von *j* (oder wenigstens von *i*) erhebt. Diese Stellung ist jedoch von karelischem Gesichtspunkte aus, vor den Vocalen *ä, e, ö, ü* vollkommen unmotivirt, da diese Vocale, wenn dieselben ohne vorhergehenden Consonanten vorkommen, in ganz Karelen rein, d. h. ohne irgend einen Vorschlag des *j (i)* ausgesprochen werden, z. B. *äjjä, ej, öndü, üskä*, nicht aber *jäjjä, jei, jöndü, jüskä;* wogegen im Russischen die Vocale е, и, і, ю, я, vor denen ein Consonant mollirt wird, sämmtlich mit einem *i*- oder *j*-laut beginnen, indem nämlich *u* und *і* = *i* oder *ji*, *e* und *ѣ* = *je*, *ю* = *ju* und *я* = *ja (jä)* ist.

Doch wechselt die Mollirung auch häufig vor und nach einem *i, j: n, l, r* werden meist vor *i* erweicht; *t* und *d* werden gewöhnlich vor einem zum Stamm gehörenden *i* palatalisirt; letztere können jedoch auch hart bleiben; z. B. *kattila* Kessel, *kondie* Bär; *s* und *z* werden regelrecht nach *i* und *j* palatalisirt, bleiben jedoch in Poaen oft unverändert; z. B. *kawńiś* hübsch, *tojżet* die anderen, in Poaen gewöhnlich *kawńis, tojzet*. Vor *i* wiederum ist die Palatalisirung von *s* und *z* an verschiedenen Orten und oft auch an demselben Ort in verschiedenen Wörtern so unbestimmt, dass dafür keine andere Regel sich aufstellen lässt, als dass die Palatalisirung an der östlichsten Sprachgrenze am allgemeinsten vorkommt, und je mehr man nach Westen kommt, desto mehr abnimmt.

§ 49. Palatalisirung in Folge von Verschmelzung eines Dentalconsonanten mit *j* ist sehr allgemein; einige derartige Fälle sind schon früher erwähnt worden; z. B. die Entstehung von *ńń, ll, śś, dd* aus *nj, lj, sj, dj* (§ 26).

Hierher gehört auch die Mollirung von *l* in der Endung *la*, wenn dieselbe an Nomina, die auf *o* anlauten, und ursprünglich die Endung *oj* gehabt, angefügt wird, z. B. *Reboła, Himoła* statt *Rebojla, Himojla*, sowie auch das mollirte *n* und *z* in den Nominalendungen *jńe, jźe* und *jźa*, die auch in solchen Formen vorkommen, wo das *j* weggefallen ist, z. B. *pakkańe, pakkaźen* Kälte für *pakkajńe, -jźen; hindaźa* theuer, für *hindajźa*.

§ 50. Mit der ebenerwähnten Palatalisirung verwandt ist auch die Mollirung, die im nördlichen Karelen durch Einfluss eines vorhergehenden *e* entsteht, wenn dieses *e* mit einem vor demselben befindlichen Vocal in einen Diphthong verschmilzt, z. B. *poałkah* er mag fliehen, *poańńun* geflohen; *kevöällä* im Frühling, *Tuńguolla, Uhtuośśa*, statt *paetkah, paennun, keväellä, Tuńguella, Uhtuessa*.

Die Lautveränderungen im Karelischen.

Die Lehre von den Lautveränderungen fällt ursprünglich ganz und gar in das Gebiet der Physiologie: das begriffliche Moment nimmt bei dem Lautwandel erst die zweite Stelle ein, indem nämlich die Sprache in den Fällen, wo eine oder mehrere Lautveränderungen physiologische Berechtigung haben, die unveränderte Form und die möglichen Lautveränderungen für verschiedene Nüancen des Begriffes anwendet, oder, um kein Missverständniss aufkommen zu lassen, entweder die unveränderte Form oder irgend eine Veränderung vermeidet.

Alle Lautveränderungen haben einen Zweck, nämlich die Erleichterung des Sprechens. Man kann daher die Frage aufstellen, weshalb solche Lautcombinationen, die schwer auszusprechen sind, in der Sprache sich entwickelt haben. Als Antwort hierauf kann man anführen, dass die Sprache zur Bezeichnung neuer Begriffe und Verhältnisse, die vorhandenen einfachen und leicht auszusprechenden Wörter mit anderen derartigen verbunden hat, welche späterhin ihre Selbstständigkeit allmählich verloren haben und zu Ableitungs- oder Flexionsendungen herabgesunken sind. Dadurch sind eine Menge neuer und schwieriger Lautverbindungen entstanden, von denen die Sprache, in Folge des allgemeinen physischen Gesetzes der vis inertiae sich zu befreien gestrebt hat. Eine solche Befreiung kann auf verschiedene Weise vor sich gegangen sein: durch Abnutzung des Schlusses der angefügten Wörter, um das neue, eigentlich zusammengesetzte Wort unter einem Hauptaccent zu vereinigen, durch Abwerfung, Austausch oder durch Umstellung eines oder mehrerer Laute im Vereinigungspunkt.

Ein neuer Laut, d. h. ein Zuschuss zu der vorhandenen Lautmasse, als Folge dieses rein physiologischen Processes ist a priori unwahrscheinlich und dürfte sich nur selten aufweisen lassen, muss daher in den meisten Fällen für eine Endung angesehen werden. Hiermit ist jedoch nicht gesagt, dass eine Verlängerung oder Verstärkung gewisser Laute nicht vorkommen könnte; dieselbe wird wirklich angetroffen, entweder als Folge der Einwirkung des Accents, welcher danach strebt die betonten Sylben auf Kosten der unbetonten hervorzuheben, oder auch um einen kurzen Laut vor Schwächung und gänzlichem Verschwinden zu bewahren. Jedoch dieselbe vis inertiae, welche die Lautveränderung hervorgerufen hat, lässt dieselbe auch bestehen: eine einmal eingetroffene Lautveränderung bleibt auch dann unverändert, wenn die Ursache derselben durch eine neue Veränderung aufgehoben ist.

I. Wandel der Consonanten.

Die wichtigsten Veränderungen, welche die Consonanten im Karelischen bei Bildung und Beugung der Wörter erleiden, sind Intonation, Schwächung, Verstärkung, Assimilation und Elision.

§ 51. Die Intonation von k, t, p, s, $š$ in g, d, b, z, $ž$, wodurch sich die Sprache im südlichen und östlichen Karelen von der in den nördlichen und westlichen Gegenden unterscheidet, und welche wir schon früher zu betrachten Gelegenheit gehabt haben, macht sich auch in den Endungen geltend, indem nämlich die Endungen, in denen diese Explosivlaute oder Spiranten vorkommen, in Südkarelen eine doppelte Form haben, die entweder weich und tönend oder hart und tonlos ist, welcher Unterschied darauf beruht, ob diese Consonanten von intonirten Sprachlauten umgeben sind oder nicht, während in Nordkarelen dieselben Endungen blos die ursprüngliche harte Form haben, z. B. die Partitive *orih-ta*, *kät-tä*, *kalliš-ta*; südkarel. *un-da*, *manner-da*, *vemmel-dä*, *moa-da*, *päj-dä*, nordkarel. *un-ta*, *manner-ta*, *vemmel-tä*, *moa-ta*, *päj-tä*; die Formen des Impersonals *lükättäneh*, *näh-täjš*, *pes-tih*; südkarel. *pan-daneh*, *pur-dajš*, *keännel-dih*, *soa-dava*; nordkarel. *pan-tanch*, *pur-tajš*, *keännel-tih*, *soa-tava*; die Imperative *nos-kah*, *näk-käh*; südkarel. *haravojgah*, *pangah*, *purgah*, *tulgah*, *soagah*; nordkarel. *haravojkah*, *pankah*, *purkah*, *tulkah*, *soakah*; Comparat. im südkar. *parembi*, nordkar. *parempi*; der allgemeine karel. Partit. *hevojš-ta* vom südkar. Stamm *heboze* oder *heboźe*, nordkar. *heposhe*.

Schwächung im Beginn einer geschlossenen Sylbe.

§ 52. Schwächung (auch Consonantenvermilderung, Tenuation genannt), die im Allgemeinen in der Aufhebung der vollständigen Articulation besteht, welche die Aussprache der Explosivconsonanten *k*, *g*, *t*, *tt*, *d*, *p*, *b* erfordert, kommt regelmässig nur im Inlaut vor einem kurzen Vocal oder einem kurzen (d. h. nicht durch Vocalcontraction entstandenen) Diphthong auf *j* vor, auf welche in derselben Sylbe unmittelbar entweder vollständige oder unvollständige consonantische Articulation folgt. Est ist offenbar, dass dieses Gesetz, von dem man übrigens annehmen muss, dass es verhältnissmässig neu ist, da dasselbe nur in einigen westfinnischen Sprachen sich ausgebildet hat und auch in ihnen in verschiedener Weise und mit verschiedener Ausdehnung sich geltend macht (am vollständigsten in Karelen), keinen anderen Zweck haben kann, als den Durchgang des Luftstroms zu erleichtern: von zwei auf einander folgenden Lufthemmungen wird die erste aufgehoben, falls der Luftstrom von der letzteren entweder für die ganze Zeit, welche zur Aussprache des Wortes (im Auslaut) erforderlich ist, oder auch für längere Zeit als einen Augenblick (im Inlaut, durch einen Consonanten vor einem anderen) gehindert wird.

Anmerkung 1. Consonantenschwächung kommt nicht vor im Beginn einer Sylbe, an deren Schluss ein Consonant durch eine in späterer Zeit im Auslaute erfolgte Vocalelision zu stehen kommt, nämlich: a) vor der Illativendung *h* sowie auch vor der Personalendung *h* im Imperat. (Optat.) des Activs und im Imperf. Ind. der unpersönlichen Form; z. B. *mettäh; tulgah, pandih;* b) vor der Conditionalendung *-jš*, z. B. *kiškojš, hüppiš, soadajš;* c) im Adj. II vor den aus *-nut* gekürzten Endungen *n*, *t*, z. B. *tappan, ottat*.

Anmerkung 2. Andrerseits wird Schwächung in einigen Fällen angetroffen, wo kein sichtbarer Grund dafür vorhanden ist, nämlich im Anfang einer Sylbe, wenn dieselbe ursprünglich durch einen Consonanten *(k, j)* geschlossen gewesen, welcher im Karelischen weggefallen ist:

a) im Hauptverbum beim verneinten Praesens sowohl der persönlichen als unpersönlichen Form, z. B. *ej muwta* von *muwtta-* (vergl. finn. *muuta', muutak*, refl. *muutak-sen*), *ej tulla* vom Impersonalisstamme *tulda-* (vergl. finn. *tulla'*, *tullak*, ehstn. bejahende Form *tullak-se*), von welchem geschwächten Stamm man alsdann die bejahende Form *tullah* (= *tulla'-h* = *tullak-han*) erhalten hat; b) in der 2. Pers. Sing. Imperat. z. B. *sowwa* von *sowda-*, *elä anna* von *anda;* c) im Translat. des Subst. I und auch in anderen gekürzten Translativen, z. B. *tulla, soaha, rannemma;* d) im Nom. Sing. der Stämme auf *ke;* z. B. *kasse* Gen. *kastien;* e) in Eigenschaftssubstantiven auf *us*, (*ute*) *uo*, die von mehrsylbigen Nominibus auf *-nda* und *-mba* abgeleitet sind; z. B. *iźännüöllä, cmännüöllä, vihannuolla, vanhemmuoldi;* f) in Verben mit der Ableitungsendung *j* und vorhergehendem Vocal, in denen *j* statt der vollständigen Endung *jtte* gebraucht wird; z. B. Inf. *tolkujja* verstehen, entwickeln, Stamm *tolkujtte-* von *tolkku;* *emännöjjä* wirthschaften von *emännöjtte-*.

§ 53. Schwächung der langen Consonanten, dieselbe mag nun nach einem Vocal oder Consonanten eintreten, geschieht dadurch, dass die Lufthemmung verkürzt, d. h. gleich nach ihrer Entstehung wieder vollkommen aufgehoben wird.

Also werden geschwächt:

a) *kk* zu *k;* z. B. *kukkaźe* Blume, Spielzeug, Part. Sing. *kukajśta; muśśikaźe* Schwarzbeere, *muśśikajśta; hańkki-* schaffen, Imperat. *hańki;* (*palkkata-*) *palkkoa-* miethen, Subst. I (*palkat-ta*, Transl. *palkata-k*) *palkata, soperkka* Tauchente, Nom. Plur. *soperkat;*

b) *tt* zu *t;* z. B. *katta-* decken, davon Imperat. *kata* decke; *otta-* nehmen, Stamm des Impersonalis *otetta*, davon Praes. *ej oteta, otetah; kinttu* Bein, Genit. *kintun; tarttu-* stecken bleiben, Imp. *tartu; maltta-* können, Impf. 2 P. S. *maltojt; śrumentta* Instrument, Nom. Plur. *śrumentat.*

c) *tt* zu *t;* z. B. *etti-* suchen, *etindä* Suchen; *koźitte-* freien, *koźitukse* Freierei; *tirttu* lecker, Comp. *tirtumbi; gośtińtta* Geschenk (besonders aus Näschereien bestehend) Transl. Plur. *gośtińtojkśi.*

d) *pp* zu *p;* z. B. *kawppa* Handel, *kawpitte-* handeln; *volappa* fahl, falb, Gen. *volapan; vilppi* Betrug, Gen. *vilpin; kimppu* Lärm, Unwesen, Iness. *kimpussa.*

§ 54. Die kurzen Consonanten k, g, t, d, p, b sind wahrscheinlich in den meisten Fällen derart geschwächt worden, dass der Lautcanal nur theilweise (an den Seiten) geschlossen worden ist, wodurch die Halbvocale g, d₁, w₂ entstanden sind, die alle noch im Lappischen (w₂ in der Terschen Mundart) angetroffen werden. Im Finnischen ist g (= gh bei Agricola) früher sicher vorgekommen, ist aber jetzt verschwunden; statt d₁ findet sich der palato-dentale Halbvocal d₂ und statt w₂ der labial-dentale Halbvocal v₂. Im Karelischen fehlen gegenwärtig alle diese ursprünglichen Halbvocale und statt der echten Schwächung wendet dasselbe eine Menge anderer Verfahrungsweisen an:

Ersatz von g durch j oder v₂; von d durch j, v₂ oder den Spirans h, von w₂ durch v₂;

Assimilation mit einem vorhergehenden Consonanten oder Halbvocal: n, m, r, l, sowie j und w;

Abwerfung, d. h. weder vollständige noch unvollständige Lauthemmung;

Keine Schwächung.

§ 55. a) k wird nach h im Beginn der zweiten Sylbe in einigen Wörtern abgeworfen, sowie *reähkä* Sünde, *reähät*; *riehki-* schlagen, *riehin*; *rahkehe*, Nom. *rahiś* Riemen am Gespann, *tahkuon*, *tahota* (auch *tahkota*) schleifen. Gewöhnlich jedoch, und zwar immer in den letzten Sylben eines mehrsylbigen Wortes bleibt k ungeschwächt; z. B. *pihkalla*, *tähkät*, *ruhkat*, *pahkan*, *nahkan*, *lewhkät*, *leviähköt* von *pihka* Pech, *tähkä* Aehre, *ruhka* Fäserchen, Colly, *pahka* Knorren, Auswuchs, *nahka* Leder, *lewhkä-* prahlen, *lewiähkö* ziemlich breit.

b) k fällt fort nach t; z. B. *matka* Reise, *matassa*; *kätüt kätköön* Wiege, *potkoan*, *potata* ausschlagen, einen Fusstritt geben; *pitkä* lang, *pitempi*, *pitin*.

c) k nach s, $ś$ fällt gewöhnlich in den nördlichen und östlichen Gegenden weg, wodurch der Spirans zwischen zwei Vocale zu stehen kommt und daher an den Orten, wo man sonst z, $ź$ anwendet, intonirt wird; z. B. *laske-* loslassen, *lazetta-* ausspannen; *lajška-* faul, *lajžištele-* faul sein. In Poaen wird *k* von *s, š* assimilirt, wodurch *ss, šš* entstehen, die jedoch nach einem Diphthong gewöhnlich beinahe vollständig gekürzt werden; z. B. *lassetta-; keške* Mitte *keššeššä; lajššištele-; rieska* ungesäuertes Brot, *riesasta; rajška* arm, Tropf, *rajšan.* In Rebola wird auch bisweilen Assimilation anstatt Abwerfung angetroffen, z. B. *kahen kessen* zwei Mann hoch; in Sujgarvi werden beide Verfahrungsarten, oft in verschiedenen, oder in denselben Formen eines und desselben Wortes angetroffen, z. B. *kezessä, lezellä, tuzassa* von *keske, leske* Wittwe, *tuska* Noth, jedoch *rajššat* von *rajška, en laze* oder *lasse, ižen* oder *iššen, kiššon* oder *kižon,* von *laske-, iške-* schlagen, *kiško-* reissen.

d) *g (k)* fällt weg nach *r*, ausser in Poaen, wo Assimilation vorkommt; z. B. *härän, käret, kuret, varasta-* stehlen, in P. *härrän, kärret, kurret, varrasta-*, von *härgä* Ochs, *kärge* Schwarzspecht, *kurge* Kranich, *vargaha* Dieb.

e) *g (k)* nach *l* fällt im grössten Theil Karelens gewöhnlich fort, doch kommt auch Assimilation vor: in Poaen immer und bisweilen auch in Rebola und Sujgarvi; z. B. in P. *nälläštü-* hungrig werden, *hüllättü, jallojlla, vellakši* von *nälgä* Hunger, *hülgeä-* verlassen, *jalga* Fuss, *velga* Schuld; in R. *nälässä, jalalla, jälellch* zurück von *jälge* Spur, aber *alletah, ollottih* von *alga-* anfangen, *olgua-* sich entfernen; in S. *jalat, näläštü-, velassa,* neben *sülen* od. *süllen* von *sülge-* spucken, *ullos* hinaus, vom Stamm *ulgo.*

f) *g (k)* nach *j* wird assimilirt, wenn dem *j* ein *i* oder *u* vorangeht, wie z. B. in den Wörtern *lijjan, pijjan, sijjan, mujjota,* von *lijga* das Ueberflüssige, *pijga* Magd, *sijga* Schnepel, *mujgua-* sauer werden; fällt jedoch in den übrigen Fällen gewöhnlich fort, wie z. B. in den Wörtern *ajan, pojan, ojenda-,* richten, gerade machen, von *ajga* Zeit, *pojga* Sohn, *ojgie* gerade. In Poaen ist die Articulation des langen *j* sowie auch des kurzen *j* vor *i* sehr matt, so dass *lijjan, mujjota, pojindima* Stiefsohn, daselbst wie *lian, muiota, poindima* lauten.

g) *g (k)* nach *w* geht in Südkarelen (Poaen) in *w*, anderwärts gewöhnlich in *v* über; z. B. *hawwin, lewwan* oder *hawvin lewvan*, von *hawgi* Hecht, *lewga* Kinn.

Anmerkung. *g (k)* nach *ṅ* wird nie geschwächt, z. B. *heṅgen, kuṅiṅgas* von *heṅge* Geist, *kuṅiṅgaha* König; auch nicht *k* nach *t̯*, sowie *rat̯kahta-*, plötzlich krachen, knacken, von *rat̯ka-*.

§ 56. a) *t* nach *h* fällt immer fort, auch wenn *h* aus *k* entstanden ist; z. B. *tähen, lahen, solahan* von *tähte* Stern, *lahte* (Nom. *laksi*) Bucht, *solahta-* herabgleiten; *nähä* I Subst. (Stamm *nähtä-*) von *näge-* sehen.

b) *t* nach *s, ś*, sowie *d (t)* nach *n, r, l, j* und *w*, werden von diesen vorangehenden Lauten assimilirt; z. B. *lassut, opassan, pajśśa, värišśä, muśśikkaźe* Schwarzbeere, von *lastu* Spahn, *opasta-* lehren, *pagiźe-* sprechen, *väriźe-* zittern, *musta* schwarz; *panna, purra, keännellä, ujja, haravojja, käwwä* (statt *panda, purda* u. s. w.), Inf. I von *pane-* legen, *pure-* beissen, *keändele-* wenden, *uj-* schwimmen, *haravoj-* harken, *käw-* gehen; *majjen, keväjjen, kastejjen* (statt *maiden* u. s. w.) Gen. Plur. von *moa* Land, *keveä* Frühling, *kastie* Thau. In den nördlichen Gegenden wird *d* nach *w* gewöhnlich durch *v* ersetzt, z. B. *käwvä, rawvan* von *rawda* Eisen.

Anmerkung. *d* nach *n* wird in Poaen und Reboła in einigen Formen von *anda-* abgeworfen; z. B. *en ana, anat*, Imperat. *ana*, der auch als Conjunction, in der Bedeutung: damit, gebraucht wird; dagegen aber *annettih*.

§ 57. Wenn *g (k)* und *d (t)* nach einem kurzen Vocal oder eigentlichem Diphthong stehen, kommt in der Art und Weise der Schwächung unter ihnen kein Unterschied vor.

a) Schwächung zu *v* kommt regelrecht nach anderen Vocalen ausser *u*, vor *o* und *ö* vor; z. B. *kavotta-* verlieren, *mavon, pavojśśa*, von *kado-* verschwinden, *mado* Schlange, *pada* Topf; *havon* von *hago* Windbruch, Thürpfosten; *savotta-* fact. von *sago-* dick werden; *sevotta-* fact. von *sego-* sich mischen; *vevon* von *vedo* Steuer; *livotta-* einweichen, von *ligo; sivon* von *sido-* binden; *nävöjśtä* Part. von *nägöźe* von *nägö* Aussehen; *koavojn* Impf. von *koada-* umwerfen, *roavon* von *roado* Arbeit.

b) Schwächung zu *v* kommt auch nach *o* vor *a* und *e* vor, doch nicht in allen Wörtern; z. B. *kovassa, toven, joven noven*, von *koda* Küche, Waschhaus, *tode* Wahrheit, *joge* Fluss, *noge* Russ; dagegen aber *soenda-* blenden, von *sogie* blind, *kuottele-* versuchen, von einem verschwundenen Stammwort *koke-*.

Ausnahmen bilden *tijjon* von *tiedo* Kenntniss, *loajokse* That, Handlung von *loadi-* thun, machen.

c) Schwächung zu *v* kommt auch in anderen Fällen in einzelnen Wörtern vor, als *tevendä, tevin* von *tege-*, *huoviš* Nom. von *huogehe* wohlfeil, *roaviško* Aas, von dem verschwundenen Stammworte *roado; sivalda-* schnell binden, von *sido-*.

Anmerkung. Die abweichende Consonantenschwächung, die in den Wörtern *roaviško, sivalda-, tijjon* und *loajokse* vorkommt, scheint ihren Grund darin zu haben, dass dieselbe Art der Schwächung beibehalten worden ist, die in den Stammwörtern vorkommt und auf Lautverhältnisse beruht, die in den abgeleiteten sich nicht mehr vorfinden.

d) Schwächung zu *h* trifft man an im I. und II. Substantivus, und im Praes. Impersonalis der Verben *soa-* erhalten, *jeä-* bleiben; z. B. *soaha soahen soahah-, jeähä jeähessä jeähäh*, sowie im Wort *rūhähtä-* (neben *rūvähtä-*) von *rūgi-* husten.

e) Sowohl vor als nach *u* und *ū* fallen *g (k)* und *d (t)* in Poaen fort, werden aber anderwärts gewöhnlich durch *v* ersetzt; z. B. *maun* oder *mavun* von *magu* Geschmack; *reūt* oder *revūt*, Gen. *regūōn* kleiner Schlitten, *pius* oder *pivus*, Gen. *piduhuon* Länge; *mäūt* oder *mävūt*, Gen. *mägūōn* Hügelchen; *peäūn, peävūn* von *peädū-* treffen, *koaun koavun* von *koadu-* fallen, *hūōūn hūōvūn* von *hūōdū-* gewinnen, reich werden; *uar, uvar* Gen. *udaren* Euter, *suas, suvas* Gen. *sugahan* Borste, *suin, suvin* von *sugi-* bürsten, kämmen; *kuon, kuvon* von *kudo* weben; *ruguan, ru'ota, ruvota* (Heu) in Haufen setzen; *kuun kuvun* von *kudu* Fischlaiche, *luun luvun* von *lugu* Zahl, *rüittä- rüvittä-* von *rügi-* husten, *süldeän süätä süvätä* stossen, *rüähtä- rüvähtä-* von *rügi-*.

Allgemein kommt die Abwerfung von *g* (*k*) nebst Vocalcontraction vor in *rujs*, Nom. von *rugehe* Roggen, und *näwttä-* zeigen, fact. von *nägü-* scheinen.

f) Vor ¡und nach *i* werden *g* (*k*) und *d* (*t*) in Poaen abgeworfen; anderwärts tritt *j* an ihre Stelle, wenn nicht eine der vorstehenden Regeln dieses verbietet, oder die umstehenden Vocale contrahirt werden; z. B. *vein* oder *vejin* von *vedä-* ziehen, *koin kojin* von *kodi* Haus, *möiśśä möjiśśä* von *mogiźe-* murmeln, *heäin heäjin* von *heädä-* vertreiben, *loain loajin* von *loadi-* machen; *piin pijin* von *pidä-* halten, *iin* oder *ijin igäh* ewig, *rian rijan* von *rida* Falle, *lian lijan* von *liga* Schmutz, *piellä pijellä* Inf. von *pidele-* halten, *hi'en hijen* von *hige* Schweiss.

In vielen Wörtern ist jedoch Abwerfung der Consonanten und gleichzeitige Contraction der umstehenden Vocale allgemein; z. B. *pajśśa* von *pagiźe-* sprechen, *rajś* (neben *roah*), Gen. *ragehen* Hagel, *hiestü-* schweissig werden, *kojśśa* zu Hause, *näjn* Imperf. von *näge-* sehen.

g) Auch vor und nach *e* lässt sich bisweilen ein *j* hören, wenn das *e* sich nicht mit dem benachbarten Vocal zu einem Diphthong verbindet; z. B. *majeh* (nebst *moah*) *tajeh* (nebst *toah*) von *madehe* Quabbe, *tadehe* Dünger; *veen* oder *vejen* (nebst *vejn*), *reen rejen*, von *vede* Wasser, *rege* Schlitten; *vejän* (nebst *veän*) von *vedä-* ziehen, *seassa sejassa* von *sega* Mischung.

h) Nach den Diphthongen *uo*, *üö* und *ie* vor *a*, *ä*, *e* und meist auch vor *i* sind die Consonanten *g* (*k*) und *d* (*t*) in früherer Zeit wahrscheinlich fortgefallen, wobei *uo*, *üö* und *ie* vor diesen Vocalen in die langen Vocale *uw*, *üw* und *ij* in gleicher Weise übergegangen sind, wie die diesen Diphthongen entsprechenden kurzen Vocale *o*, *ö* und *e* oft nur deshalb in *u*, *ü*, *i* verwandelt werden, um desto schärfer vor dem unmittelbar darauf folgenden Vocal hervorzutreten.

Beim Uebergang von *uw* (= *ū*), *üw* (= *ǖ*) und *ij* (= *ī*) in die Mundstellung, die der folgende Vocal erfordert, pflegt man an den meisten Orten, um die Vocale noch bestimmter abzusondern, die respectiven Organe einander zu nähern, so dass ein mehr oder minder deutlicher Halbvocal *w* (in Nordkarelen durch *v* ersetzt) und *j* zwischen den Vocalen vernommen wird. Hier könnte allerdings auch eine andere Anschauungsweise sich geltend machen: man könnte nämlich dafür halten, dass *g* (*k*) und *d* (*t*) nach *uo* und *üö* durch Schwächung in den zunächst verwandten Halbvocal *w* (*v*) und nach *ie* in *j* übergegangen seien, welche Halbvocale nachher eine attrahirende Wirkung auf die vorhergehenden Diphthonge ausgeübt hätten, so dass die geschlossene Vocalstellung für *u*, *ü* und *i* sich während der ganzen Zeit beibehalten hätte, so z. B. wäre von *luodeh*, *müödä*, *tiedin* — *luoweh* oder *luoveh*, *müöwä* oder *müövä*, *tiejin*, und darauf *luwweh* oder *luwveh*, *müwwä* oder *müwvä* und *tijjin* entstanden. Diese Erklärung ist jedoch aus dem Grunde zu verwerfen, weil in allen übrigen Fällen keine derartige Attraction von einem *v* (welches durch Schwächung von *b* (*p*) entstanden ist) ausgeübt wird, z. B. *huovan*, nicht *huwvan* von *huoba* Filz.

i) In allen übrigen Fällen fallen *g* (*k*) und *d* (*t*) fort, nämlich:

Zwischen *oa* und *a*, *oa* und *e*; z. B. *koan* von *koada-* fällen, umwerfen, *roan* Präs. von *roada-* arbeiten und *roan* Genit. von *roaga* roh; *koatah*, *roattih*;

Zwischen *eä* und *ä*, *eä* und *e*; z. B. *heän heättih* von *heädä-* vertreiben, *neän* von *neädä* Marder;

Zwischen *a* und *a*, *a* und *e*; z. B. *poan* von *pada* Topf, *joan*, *moata*, *toas* wieder, von *jaga-* theilen, *magoa-* schlafen, *taga* das nach hinten zu Belegene; *joattih* von *jaga-*, *poata* von *pagene-* fliehen, *loatta* von *lage-* Dach, *moah*, *toah*, *roah* (neben *majeh*, *tajeh*, *rajš*) von *madehe* Quabbe, *tadehe* Dünger, *ragehe* Hagel;

Zwischen *ä* und *ä*, *ä* und *e*; z. B. *heässä* von *hädä* Noth, *keän* von *käde* Hand, *keätä* von *kägiä-* (= *käketä-*) beabsichtigen, *meän*, *neän*, *veän* von *mäge* Hügel, *näge-* sehen, *väge* Kraft, Volk.

§ 58. a) *b* (*p*) nach *m* wird zu *m* geschwächt; z. B. *ammun* von *ambu-* schiessen, *paremmat* von *paremba* besser.

b) *b* (*p*) nach einem Vocal sowie nach *r* und *l* wird im grössten Theil Karelens zu *v* geschwächt, kann jedoch in Poaen und bisweilen auch in Sujgarvi stehen bleiben; z. B. *hevojśta* oder *hebojśta* von *heboźe* Pferd, *sijvet* oder *sijbet* von *sijbe* Flügel; *tarviś*, *tarveh* oder *tarbeh* von *tarbehe* Bedürfniss; *salvata* oder *salbata* von *salboa-* zuschliessen.

Anmerkung. *p* nach *ſ* erleidet keine Schwächung; z. B. *piſpettä-* pfeifen.

Schlussanmerkung zu §§ 52—58. Sporadisch kommen auch ungeschwächte Formen vor, wo man den obigen Regeln gemäss Consonantenschwächung erwartet hätte, nämlich vor dem *kka* des Imperativs, da *k* erst in späterer Zeit verlängert worden ist, z. B. *eṭikkäh* oder *eṭṭikäh*, *kiś-śokkah* oder *kiśkokkah* (vergl. f. *etsikään*, *kiskokaan*), sowie auch in einzelnen Wörtern, wie *beägütäh* und *üwgütäh* von *beägü-* blöken, *üwgü-* brüllen, *kägin* (Sujgarvi) von *kägi* Kuckuk, *tädin* von *tädi* Tante, *sotka*, *sotkan* Seeadler, *lopuska*, *-kan* Rest, *herskahta-* wackeln, nachgeben (vergl. *virssan* von *virsta* Werst). Die neueren russischen Lehnwörter richten sich in dieser, sowie in verschiedenen anderen Hinsichten nicht nach den karelischen Lautgesetzen, indem die Consonantenschwächung häufig unterbleibt und zwar immer in solchen Consonantenverbindungen, die in karelischen Wörtern nicht vorkommen; z. B. *biegu*, *biegun* Rennbahn, *ďeädö ďeädön* Oheim, *ďiedo ďiedon* Grossvater, *godin godie* taugen, *ťökťi*, *-ťin* oder *ťöťki*, *-kin* Oel aus Birkenrinde, *śietka*, *-kan* wollene Gurte; *uſatka*, *-kan* Kesselbaken, *svoaďbo*, *-bon* Hochzeit, *jupka*, *-kan* Unterrock, *rin(t)ka*, *-kan* Markt, *jarman(t)ka*, *-kan* Jahrmarkt, *iźveśka*, *-kan* Kalk.

Schwächung im Anfang der dritten oder in einer der folgenden Sylben.

Ausser in den Fällen, wo eine Sylbe geschlossen wird kommt im Karelischen Consonantenschwächung auch in

Folge des von Lönnrot gefundenen Gesetzes vor, dass nämlich einer der Consonanten *k*, *t*, *p* nicht nach einem kurzen Vocal im Anfang der dritten Sylbe oder in einer der folgenden stehen kann.

§ 59. a) Ein ursprüngliches *k* (*g*) wird abgeworfen: 1) in einigen Imperativformen wie *kiśkuoda* (in Sujgarvi, statt *kiskokata*); 2) in abgeleiteten Substantiven auf -*ke*, sowie *kastieh* für *kastekeh*, Illat. von *kastie* Thau; 3) in der Form des Hauptverbums beim verneinten Präsens des Passivs, z. B. *ej otettoa* für *otettaka* (vergl. das ostfinnische *otetak*, ehstn. bejahende Praes. *võtetakse*); 4) in einzelnen Wörtern, wie *majoa* Bieber, *pijroa* gefüllter Kuchen, *soappoa* Stiefel (vergl. lapp. *majeg*, russ. пиропъ, саногъ).

b) Ursprüngliches *k* ist in einigen Benennungen von Bäumen zu *j* geschwächt worden, wie z. B. *pihlaja* Eberesche, *kadaja* Wacholder, *pedäjä* Fichtenrinde eigentl. Fichte (vergl. ehstn. *pihlakas*, *kadakas*, *pedakas*).

c) Ursprüngliches *k* wird vor *u ü* in Diminutiven auf *ute*, die von abgeleiteten Nominibus auf *k* gebildet sind, zu *h* geschwächt; z. B. *kastehuo tüppehüö* Dim. von *kasteke kastie* Thau, *tüppeke*, *tüppie* Pfropfen.

§ 60. a) Ursprüngliches *t* pflegt im Allgemeinen abgeworfen zu werden: 1) in der Endung des Partitivs, z. B. *talua* oder *taluo*, *tädiä* oder *tädie*, *kaloa*, *pitembeä* von *talo* Haus, *tädi* Tante, *kala* Fisch, *pitembä* länger; *buol̆ia* oder *buol̆ie*, *pitembiä* oder *pitembie*, Part. Plur. von *buola* rothe Preisselbeere und *pitembä*; 2) in der Pluralendung *te* im Genit. Plur., z. B. *buol̆ien*, *pitembien*; 3) in der Endung *ta* der 2. Pers. Plur., im Impf. Ind., im Condit. sowie im Imperat. und Optat., z. B. *tul̆ia* oder *tul̆ie*, *soattoja* von *tule-* kommen, *soatta-* begleiten, können; *tul̆iźia* oder *tul̆iźie*; *soagoa*, *lüögeä*, *sanokkoa*, von *soa-* erhalten, *lüö-* schlagen, *sano-* sagen; *tuoguo*, *süögüö* (Sujgarvi) von *tuo-* holen, *süö-* essen; 4) in den Endungen *ta* und *te* des Substantivus I und II; z. B. *kal̆ištoa*, *löwdeä*, *sanua* oder *sanuo*, *etśiä* oder *etśie*, *lugia* oder *lugie*, sowie *kal̆ištoassa*, *löwdeässä*, *sanuossa*, *etśiessä*, *lugiessa* von *kal̆išta-* den Preis steigern, *löwdä-*

finden, *sano-* sagen, *etti-* suchen, *luge-* lesen; 5) in der Endung *ta* des Impersonalis, nach dem Bindevocal *e*, im Praes. und Impf. Ind. in manchen Gegenden; z. B. *koskieh, ej koskie, käskejh* (anstatt der an anderen Orten gebräuchlichen *koskietah, ej koskieta, käskiettih,* oder *kossetah, kozetah, ej kosseta, kozeta, kässetih, käzettih*); 6) in abgeleiteten Stämmen auf *ta* und *te*, wie in den verbis contractis, z. B. *salboaw*, Impf. *salbaj* (neben *salbaži*) vom ursprünglichen Stamm *salpata-* zuschliessen, *kaṅgia* oder *kaṅgie* steif, *kebiä* oder *kebie* leicht, Illat. Plur. *kaṅgejh, kebejh* von den ursprünglichen Stämmen *kaṅketa, kepetä; keveän, keväjdä* von *keväte* Frühling; *lühüön, soaruon, kovuon, koadunuon* von den Stämmen *lühüte* kurz, *soarute* kleine Insel, *kovute* Härte, *koadunute* gefallen.

Anmerkung. *t* im Part. und Gen. Plur. fällt nicht nur nach einem kurzen Vocale, sondern auch nach einem kurzen Diphthong auf *j* fort, d. h. nach einem solchen Diphthong, der durch Verbindung eines kurzen Vocals mit dem *j* des Plurals entstanden ist, z. B. *kaloja kalojen, harakkoja harakkojen, kukkoloja, -lojen,* von *kala* Fisch, *harakka* Elster, *kukko* Hahn; dagegen aber *kebejdä kebejjen, keväjdä keväjjen, pärejdä pärejjen* von *kebie (kepetä)* leicht, *keveä (keväte)* Frühling, *pärie (päreke)* Kienspan. In Nordkarelen (Kiestinki) wirkt jedoch der Nebenaccent der dritten Sylbe dahin, dass ein Diphthong auf *j* unter dem Einfluss dieses Accents volltönig, d. h. lang wird, woher auch *t* nach demselben stehen bleibt, z. B. *harakkojta, kukkolojta.*

b) Ursprüngliches *t* geht vor *u, ü* in *h* über: 1) im Part. Sing. des Adj. II. Passivi, wenn derselbe als abgekürzter Temporalsatz gebraucht wird, z. B. *kattohuo, ottahuo, ettihüö, lähtehüö*, nachdem man geschaut, genommen, gesucht, sich begeben hat; 2) in Südkarelen in Eigenschaftssubstantiven, die von Adjectiven auf *ta* abgeleitet sind; z. B. *korgehuo* Höhe, *levchüö* Breite, von *korketa, levetä*.

c) Ursprüngliches *t* geht in *v* über: 1) vor *o* in den nominibus actionis auf *o*, die von contracten Verben gebildet sind, z. B. *lejkkavo* Ernte, *magavo* schlafen, *keravo*

Volksversammlung, von den Stämmen *lejkkata*, *magata*, *kerätä*; 2) in Nordkarelen in Eigenschaftssubstantiven (und Deminutiven) auf *ute*, z. B. *korkevuo* Höhe, *levevüö* Breite.

§ 61. Ursprüngliches *p* zu *v* geschwächt wird angetroffen: 1) in der Endung des Adj. I, z. B. *palava* heiss, *tiettävä* sicher, vergl. z. B. liv. *magātǫb* = *moattava*¹); 2) in der Ableitungsendung *va* der Adjective, z. B. *terävä* scharf, *igävä* langweilig (vergl. liv. *terāb*, *igāb*); 3) in der adjectivischen Ableitungsendung *ttava* (= veps. *tab*), entstanden aus *taba*, *tapa* Sitte, Art, z. B. *vanhattava* ältlich, *piemiettävä* ziemlich dunkel²).

Die übrigen Fälle, in denen die starken Consonanten durch Kürzung einer langen Articulation, durch Umwandlung in einen Halbvocal oder einen Spiranten, durch Elision oder Assimilation geschwächt werden, beruhen hauptsächlich auf Vocalelision.

§ 62. a) *k* ist geschwächt zu *j* (welches dann in vielen Fällen verschwindet): 1) in der Endung des Plurals (vergl. *k* im Ungarischen und Lappischen, die Pluralnominative der Pronomina der 1. und 2. Person im Livischen *mēg* oder *meig*, *tēg* oder *teig*, sowie die Personalendungen der 1. und 2. Pers. Plur. vom Verbum reflexivum im Olonetzschen, z. B. *salboam-mok-seh*, *salboat-tok-seh*, zusammengestellt mit den entsprechenden Personen im Sing. *salboam-mo-ze* oder *salboam-mo-s*, *salboat-to-ze* oder *salboat-to-s*) 2) In der Conditionalendung *jži* (vergl. ehstn. *ksi*); 3) in der Endung der Adjectiva caritiva: *ttoma*, Nom. *tojn*, welche von der Abessivendung *ttaka*, *tak* und der Ableitungsendung *ma* gebildet ist, also: *takma*, *tokma*, *tojma*, *ttoma*, *tojn*; in der Endung *ute* (ursprünglich (*u*)*kte*, (*u*)*jte*) der Eigenschaftssubstantiva, Deminutiva und Adj. II im Activ, wo ich das *j* in einigen wepsischen Formen³) wahrgenommen habe, und

---

¹) Siehe Livische Grammatik, S. 130.
²) Vergl. Lönnrot, Om det nord-tschudiska språket, S. 52 u. 53.
³) Kieletär, 4. Heft, S. 16.

welches in Nordkarelen beim Plural viersylbiger Wörter in Folge der Einwirkung des Nebenaccents allgemein vorkommt, z. B. *tervehüjśie* von *terwehüö* Gruss (vergl. das finnische *terveyksiä*) *venehüjśie* von *venehüö*, Nom. *venehüt* kleines Boot, *koatunujśie* von *koatunuo*, *-nut* gefallen.

Anmerkung. Auch in der Endung *ja* der Nomina factoris ist *j* wahrscheinlich aus älterem *k* entstanden, welches noch als Praesenscharacter in der Reflexivendung *k-si*, *k-sen* und in der ehstn. Endung des Praes. Pass. *kse*, sowie zu *kk* verlängert in der karelischen Adjectivendung *kkaha* (s. § 67, 3) angetroffen wird.

b) *k* wird zu *h* geschwächt am Schluss der ersten Sylbe vor *t* und *n*; z. B. von *näge-* sehen, ist der Stamm von Subst. I und Impersonalis *nähtä* für *näktä*, der Stamm des Concessivs *nähne* für *näkne; ühte* ein, *kahte* zwei, *lahte* Bucht (deren Nom. Sing. und Pluralstamm *ükśi*, *kaksi*, *laksi* lauten), *lähte-* sich begeben (Impf. *läkśi*); vergl. § 27.

c) *k* wird elidirt: 1) vor *st* sowie auch vor einem auslautenden *s*, z. B. *susta*, Part. von *sukse* Schneeschuh, *totutus* Nom. Sing. von *totutukse* Anzündungsmittel; 2) vor *h* im Praes. Passivi, z. B. *tullah* statt *tullakh* (vergl. ehstn. *tullakse*); 3) im Auslaut: im Nom. Sing. abgeleiteter Nomina auf *ke;* z. B. *kasse* Thau (vergl. liv. *käzdǫg*); in der 2. Pers. Sing. Imperat. z. B. *ota* nimm (vergl. 3. Pers. *ottakkah*); im verneinenden Praesens des Ind. und Concess. z. B. *en muwta* ich verändere nicht (vergl. die reflexive Form *muw-tak-si* f. *muutaksen*); *ej tulla* (neben *ej tuldoa*, beide von *tultaka*, vergl. ehstn. *tullak-se*); *en muuttane, ej tuldane* (f. *muuttane'*, *-nek, tultane'*, *-nek*).

d) Das gedehnte *m* in der Endung der 1. Pers. Plur. Praes. Ind. und Concess. ist durch Assimilation des Praesenscharacters *k* mit der Personalendung *m* entstanden; z. B. *sanomma, sanonemma* für *sanokma, sanonekma*. Wahrscheinlich ist jedoch, dass diese Veränderung durch Vermittelung des faucalen Explosivconsonanten also entstanden ist: *sanok, sanonek, sano', sanone'; sano'-ma = sanomma, sanone'-ma = sanonemma;* vergl. in der finnischen Aussprache: *annam meillem meidän syntimme anteeksi*, statt *anna' meille' meidän s. a.*

§ 63. *tt* wird nach *h* zu *t* gekürzt in den Partitiven *ühtä, kahta, lahta*.

§ 64. a) *t* (*d*) assimilirt sich einem nachfolgenden *n* im Concess. und Adj. II der Verba contracta, z. B. *lejkannen, lejkannut* von *lejkkata* schneiden; sowie auch (nach Elision eines vorhergehenden *n*) im Essiv des Sing. der Nomina numeralia auf -*nte*, -*nde*, z. B. *kolmanna* statt *kolmantna*, *kolmatna*, neben *kolmandena*.

b) *t* (*d*) geht vor *i* in *s, ś, z, ź* über: 1) im Nom. Sing. und in Pluralstämmen der Nomina auf *te* (*de*), wenn nicht ein ursprüngliches oder aus *s* entstandenes *h* dem *t* vorangeht; z. B. *kuuzi, vezi, laksi* oder *lakśi, kanzi, varzi*, von *kuude* sechs, *vede* Wasser, *lahte* Bucht, *kande* eine grosse Schachtel aus Birkenrinde, *varde* Schaft, — dagegen aber *lehti, pihti, tähti, viuhti* von *lehte* Blatt, *pihte* Hufzange, *tähte* Stern, *viuhte* Strähne; ferner die Pluralstämme *tervehü(j)źi, kolmanzi, ńellänzi*, und Nom. Sing. mit späterhin ausgeschobenem *i*: *tervehüs* (auch *tervehüt* mit direct abgeworfenem *e*), *kolmas, ńelläs* (statt *kolmans, ńelläns*), von *tervehü(j)te, (tervehüö)* Gesundheit, Gruss, *kolmande* der dritte, *ńellände* der vierte; 2) im Imperfectum des Verbum *lähte*- sich begeben: *läksi* oder *läkśi*, sowie der Verba contracta, welche jedoch *t* auch abwerfen können, z. B. *halgaźi* oder *halgaj* spaltete, *kägeźi* oder *kägej* beabsichtigte, *häviźi* oder *hävij* ging unter, verloren, *tahkoźi* oder *tahkoj* schliff.

Ausnahme. In dem Partikelstamm *ede, ete* bleibt *t* (*d*) in Südkarelen unverändert, z. B. *edi-puole* Vordertheil, erleidet aber Veränderung im nördlichen Karelen, z. B. *eśi-puole, eśi-jalka* Vorderfuss. Im Plural von *keväte, keveä* Frühling fällt der Consonant ebenso wie im Singular weg, z. B. *keväjdä*.

Anmerkung. Der Uebergang von *t* (*d*) in *s* (*z*) ist wahrscheinlich durch zwei Zwischenformen *t'* (*d'*) und *ƫ* (*ḑ*) vor sich gegangen; vgl. z. B. die westfinnischen Stämme *künte* Klaue, Kralle und *küntä-* pflügen, eigentlich kratzen, mit folgenden Beugungs- und Ableitungsformen: f. *kynti*, kar. *künti, kündi* Impf. von *küntä-, kündä-*; Liv. Nom. *künts* (neben *künš*) Klaue, Kralle, kar. *kündi-* kratzen; finn. Nom. *künsi*, kar. *künsi, künži* Klaue, Kralle; ferner finn. *mantere* das feste Land, *mantu* harter Boden, Erde, kar. *mañjikka* Liwg. *mańdoj*, finn. *mansikka* Erdbeere.

§ 65. a) *tt* wird vor *t* zu *s* geschwächt in dem Partit. *vejstä* von *vejtte* Messer.

b) *tt* assimilirt sich einem nachfolgenden *n* im Concessiv und Adj. II der Verba auf *tte*; z. B. *kullinnen, kullinnut* von *kullitte-* vergolden.

§ 66. *p* wird vor *st* elidirt, z. B. *lasta, küstä*, Partit. von *lapse* Kind, *küpse* reif.

Consonanten-Verstärkung. Dasselbe Gesetz, das nach einem kurzen Vocal im Beginn einer offenen Sylbe, welche die dritte oder eine der folgenden des Wortes ist, Consonantenschwächung bewirkt, hat in einigen Fällen eine Verstärkung durch Dehnung der Consonanten *k, t, p* hervorgerufen.

§ 67. *k* geht in *kk* über: 1) im Imperativ nach zwei- und mehrsylbigen Stämmen, die ihren kurzen Bindevocal beibehalten; z. B. *sanokkah, ottakkama, ettikkeä, lähtekkeä, havatukkah, ammuldakkama, paheksikkoa*, von *sano-* sagen, *otta-* nehmen, *etti-* suchen, *lähte-* sich begeben, *havattu-* erwachen, *ammulda-* schöpfen, *paheksi-* für schlecht ansehen (vergl. jedoch § 59, a) 1); 2) in der adverbialen Bildungsendung *kali*; z. B. *pejtokkali* heimlich, *kohemmakkali* mehr gerade, einen geraderen Weg, *kajkkiakkali* überall, in jeglicher Weise (neben *kajkkiegali*, wo ein Diphthong vor dem Consonanten steht; vergl. auch *tägäli* hier vorbei, *sigäli* da vorbei, *migäli* wo vorbei, *muwgali* einen anderen Weg, in anderer Weise); 3) in der adjectivischen Ableitungsendung *likkaha*, die dem finnischen *lijaha* mit geschwächtem *k* entspricht; z. B. *sobelikkaha*, Nom. *-likas* fügsam, einträchtig = finn. *sovelijas, sovelias* passend, *kazvelikkaha* gross von Wuchs, *suwtkelikkaha* spasshaft.

§ 68. *t* geht in der Endung *ta* der impersonellen Form in *tt* über, mit Ausnahme des temporalen Partitivs des Adjectivs II, wo *t* zu *h* geschwächt wird (s. § 60 b), sowie in den Verben auf *e*, welche ihr *t* abwerfen (s. § 60, 5); z. B. *kiśśottih*, *elewwüttih*, *tariʲettanch*, *eʲittäjś*, *tüönnettävä*, *kabrassettu*, von *kiśko-* reissen, *elewdü-* zu leben anfangen, sich ansiedeln, *tariʲʲe-* darbieten, *eʲʲi-* suchen, *tüöndä-* schicken, *kabrasta-* wegräumen.

Anmerkung zu §§ 67 u. 68. In russischen Lehnwörtern ist die Verstärkung von *k* (*g*) und *t* (*d*) zu *kk* und *tt* ziemlich allgemein; z. B. *źimʲukka* echte Perle, *kulakka* oder *kulakko* Faust, *lużikka* Löffel; *konatta* Tau, *korietta* Wagen, von жемчугъ, кулакъ, ложка, канатъ, карета.

§ 69. *pp* als Verstärkung von *p* habe ich nur in russischen Lehnwörtern angetroffen, wie z. B. *holoppa* Diener von холопъ, *suruppa* oder *ʲuruppa* Schraube, von шурупъ.

§ 70. **Uebergang eines Explosivconsonanten in einen andern** ist selten und besteht meist in Assimilation.

a) *k* vor *t* im Schluss der zweiten Sylbe geht in *t* über; 1) im Partit. abgeleiteter Nomina auf *ke* z. B. *kassetta* von *kasteke kastie* Thau; 2) in der 2. Pers. Plur. Praes. Ind. und Concess. z. B. *sanotta*, *sanonetta*, für *sanokta*, *sanonekta*.

Wahrscheinlich ist jedoch diese Veränderung von *k* zu *t* nicht unmittelbar geschehen, sondern durch den faucalen Explosivconsonanten vermittelt worden; vergl. § 62, d.

Anmerkung. Möglicherweise ist auch die Endung *t* in der 3. Pers. Sing. Praes. der einsylbigen Verben *vojt* er vermag, *ujt* er schwimmt, *pujt* er drischt, *najt* er heirathet, aus dem *k* des Praesens-Characters entstanden, obgleich eine solche Lautveränderung im Karelischen isolirt dastehen würde, da in den übrigen Fällen *k* im Auslaut wegfällt.

b) *k* nach *t* ist in *t* übergegangen im russischen Lehnwort *ufatta* Kesselhaken (neben *ufatka* von ухватка).

c) *t* und *ʲʲ* vor *k* verwandeln sich zu *k* im Imperativ der Verba contracta und der mehrsylbigen Verba auf *ʲʲe*; z. B. *salvakkoa* statt *salvatkoa* schliesset, *tarikkoa* nebst *tariʲekkoa* betet.

Die Consonanten, deren Articulation keine vollständige Hemmung des Luftstromes erfordert, sind gerade in Folge ihrer derartigen Beschaffenheit nur sehr wenigen Veränderungen unterworfen (§§ 71—78).

§ 71. **Elision**: *n* vor *tt* fällt weg im Partitiv der Ordnungszahlwörter sowie auch vor *s* im Nominativ derselben; z. B. *kolmatta, ńellättä, kolmas, ńellä̀s* von *kolmande, ńellände*.

§ 72. **Dehnung**: *n* im Concessiv des Passivs wird bisweilen im nördlichen Karelen gedehnt, offenbar in Folge des vom Nebenaccent ausgeübten Einflusses; z. B. *koskictanneh* oder *kosettanneh* (neben *-ttaneh*) von *koske-* berühren.

§ 73. **Kürzung**: *ll* in der Adessivendung *lla* wird oft nach einsylbigen, mit einem Diphthong auslautenden Stämmen gekürzt; z. B. die Adessive der Pronomina der 1. und 2. Person *miula, siula, mejlä, tejlä; teälä* hier, *sielä* da; *kojliźe* Osten, östlich, *peäliźe* oberhalb befindlich, äusserer Handschuh.

§ 74. **Ersatz** durch einen gleichstufigen Laut, der einem andern Articulationspunkt angehört:

a) *s* geht in *h* über: 1) in dem ungekürzten Stamm der Nomina, die dem contrahirten Nominibus contractis des Finnischen entsprechen; z. B. *vieras* Gen. *vierahan* Fremdling, *uros urohon* Mann; 2) im Illat., doch nicht immer im Illat. Sing. der letzterwähnten Nomina; z. B. *kodih* nach Hause, aber *vierahah* oder *vierahaze*.

b) *n* wird verwandelt: 1) in *ń* vor *g* im Imperativus zweisylbiger Verba; z. B. *mäṅgäh* von *mäne-* gehen; in *m* vor *b* im Comparat. und Superlat. z. B. *suuremba* grösser für *suurenba* (vergl. das Verbum *suurene-* grösser werden, und das finnisch-karelische *suurenpa*), *suurimba* für *suurinba* (vergl. Nom. *suurin*).

c) *m* geht am Schluss der Stämme in *n* über, wenn der Vocal des Auslautes wegfällt; z. B. *huoletojn*, Part. *huoletojnda, avoan, -nda, lunda* von *huolettoma* unbesorgt, *avoame* Schlüssel, *lume* Schnee.

§ 75. **Assimilation mit einem gleichnamigen Laute:** *n* geht im Concessivus und Adj. II nach *s, r, l* in *s, r, l* über; z. B. *pessen, värissüt* oder *värissün, purren, tullen, kävellüt* oder *kävellün* von *peze-* waschen, *värize-* zittern, *pure-* beissen, *tule-* kommen, *kävele-* spazieren.

§ 76. **Umwandlung in einen Explosiv-Consonanten:** *n* wird in dreisylbigen Verbalstämmen vor dem *k* des Imperativs in *k* verwandelt (in Sujgarwi jedoch, in Analogie des Finnischen in *t*, welches auch ursprünglicher sein mag); z. B. *poakkoa* (Sujg. *poatkuo*) von *pagene-* fliehen.

§ 77. **Umwandlung in einen Vocal:** 1) *n* geht vor *z, ź* in einen Nasalvocal (*ñ*) über; z. B. *kañzi* Nom. Sing. und Pluralstamm von *kande* grosse Schachtel aus Birkenrinde; *kolmañzilla* von *kolmande*; 2) *v* in der 3. Pers. Sing. Praes. Ind. und Concess. ist in *w* verwandelt worden, und bildet mit den vorhergehenden Vocalen lange Vocale, Diphthonge oder Triphthonge; z. B. *soaw, jeäw, tuow, süöw, sanow, kuṭṭuw, küzüw, andaw, keändäw, eṭṭiw, panow, kävelöw, salboaw, lükkeäw, häviäw* oder *häview*.

§ 78. **Elision eines Halbvocals.** a) In Südkarelen, besonders in Poaen, werden die Halbvocale *v* und *j* unmittelbar vor oder nach den zunächst verwandten Vocalen *u, ü* (*w*) und *i* nicht geduldet. Diese Eigenthümlichkeit, von der wir einige Beispiele schon oben § 30, sowie in der Lehre von den Consonanten-Schwächungen § 55, f), g); § 56, b); § 57, e), f) angetroffen haben, macht sich an denselben Orten auch in der Abwerfung dieser Vocale aus den Endungen geltend z. B. *eṭṭiä*, oder *eṭṭie* der Suchende, statt des nordkarelischen *eṭṭijä*; *kuolia* oder *kuolie* ein Verstorbener, statt *kuolija*; *istuan, küzüän* statt *istuvan, küzüvän* von *istu-* sitzen, *küzü-* fragen.

b) Auch ein anlautendes *j* wird bisweilen elidirt: die Conj. *jotta* dass, lautet oft wie *etta, että*; *järve* See lässt in Zusammensetzungen das *j* häufig als Palatalisation mit einem vorhergehenden Consonanten verschmelzen oder auch ganz verschwinden, und nimmt die Natur einer Ableitungsendung an, welche der Vocalharmonie unterworfen ist, z. B. *Śieźjärvi* oder *Śieźärvi, Poañarvi, Särgärvi, Ondarvi, Sujgarvi*; und *jüttüö*, (*jüttühüö, jüttünüö, jüttümä*) so oder so beschaffen, von *jüttü* Beschaffenheit (= finn. *juttu* Erzählung), verschmilzt mit vorhergehendem Interrogativpronomen *mi* zu *müttühüö, müttümä, müttünüö*, Nom. *mitüs*, oder *mittüö, mittühüö*, Nom. *mitüs* wie beschaffen.

Anmerkung. Die finnischen Adjectiva auf *ituinen, ityinen*, wie z. B. *mittyinen*, wie beschaffen, *monituinen* vielfältig, *omituinen* eigenthümlich, *erityinen* verschieden, lassen sich am besten als aus einer Zusammensetzung mit *jüttü, juttu*[1]) entstanden, erklären. Vergl. in Betreff der Bedeutung die ehstn. *sarnane, sārnane* von einer gewissen Beschaffenheit, und finn. *saarna* Erzählung, Märchen, Predigt, und was die Form betrifft, finn. *juttelen* erzählen = ehstn. *ütlen*, finn. *jompi-kumpi* und ehstn. *emb-kumb*, finn. *joll' en, joll' et* und *ellen, ellet, jalka* und *ehkä* u. s. w.

II. Vocalveränderungen.

Die wichtigsten Vocalveränderungen sind Assimilation, Disparation, Kürzung, Contraction und Elision.

Die Assimilations-Phänomene, die gewöhnlich auf der Einwirkung eines vorhergehenden, bisweilen eines nachfolgenden Vocals oder eines nachfolgenden Consonanten beruhen, sind verschiedener Art, bestehen jedoch im Allgemeinen im Austausch eines vorhandenen Vocals gegen einen anderen, welcher in Bezug auf die Wahl der Organe oder deren Stellung besser übereinstimmt mit dem Laute, der die Veränderung veranlasst hat (§§ 79—91).

1. Vocalassimilationen, entstanden durch gegenseitige Einwirkung der Vocale desselben Wortes: **Vocalharmonie in weiterer Bedeutung.**

---

[1]) Siehe Ahlqvist's von der unsrigen abweichende Erklärung, die jedoch nicht einmal ihn selbst zufrieden stellt, in Suomen kielen **Rakennus**, S. 64.

§ 79. Am allgemeinsten, als ein die ganze Sprache umfassendes Gesetz macht sich die Vocalharmonie in dem schon § 43 beschriebenen Verhältniss geltend, dass alle Vocale in demselben Worte entweder palatal (inclusive die labial-palatalen *ö*, *ü*) oder nicht palatal sein müssen, wobei die Vocale der Wurzelsylbe bestimmend sind. In Folge dieses Gesetzes haben auch die Beugungs- und Ableitungsendungen eine doppelte Form, entweder mit nicht palatalen Vocalen *a*, *o*, *u*, *e* (= *e̩*, *ë*), *i* (= *i̩*) oder mit denselben entsprechenden palatalen Vocalen *ä*, *ö*, *ü*, *e*, *i*, von welchen Formen die eine ursprünglich, die andere secundär sein muss, obgleich es in den meisten Fällen schwer zu bestimmen ist, welche die ältere sein mag. Denjenigen westfinnischen Mundarten nach zu urtheilen, die der Vocalharmonie ermangeln, scheint die nicht palatale oder harte Form, welche die einzige in diesen Sprachen ist, auch die ursprüngliche zu sein, doch wird im Karelischen wenigstens ein sicherer Fall angetroffen, wo der palatale Vocal älter ist, nämlich in zusammengesetzten Ortsnamen, in welchen das letztere Glied aus *järve* See besteht, wie *Sujgarvi*, *Ondarvi* u. s. w.

Von dieser allgemeinen Regel für Vocalharmonie in beschränkterem Sinne giebt es jedoch eine Menge Ausnahmen, in denen Vocalharmonie derart entsteht, dass der Vocal der ersten Sylbe sich nach einem folgenden Vocal richtet. Dieses ist der Fall in den meisten Ableitungen, die in der Endung oder durch deren Einfluss ein *o* oder *u* nach einem in der ersten Sylbe stehenden *a*, *o* oder *u* haben. Dieses *o* oder *u* der Endung geht nämlich in *ö* oder *ü* über, wenn in der Wurzelsylbe ein *ä*, *ö*, *ü* steht, wird aber beibehalten, falls die Vocale dieser Sylbe die palatalen *e* oder *i* sind, die hierbei in die entsprechenden palato-gutturalen *e̩*, *j* übergehen. (Dieselben werden jedoch hier eben so wenig, wie in anderen Fällen besonders bezeichnet.) Beispiele: 1) Substantiva verbalia auf *o*, als *elo*, *ido*, *kekso*, *ńijtto*, *pido*, *pišto*, *tiedo*, *vedo* von *elä-* leben, *idä-* keimen, *keksi-* gewahren, *ńijttä-* mähen, *pidä-* halten, *pištä-* stechen, *tiedä-* wissen, *vedä-* ziehen, führen; 2) Substantiva verbalia auf *okse*, sowie *elokse*, *piśśokse*, *kiellokse*, *kijtokse*, *pijrrokse*, von *elä-*, *pistä-*, *kieldä-* verbieten, *kijttä-* danken, preisen, *pijrdä-* ritzen; 3) Substantiva nominalia auf *-o*, sowohl Deminutive, die ursprünglich auf *oj* ausgegangen sind, z. B. *eno* Hauptader eines Flusses, *kero* Kehle, (eigentl. Adamsapfel?), *meṭṭo* Auerhahn, von *enä* viel, gross, *kerä* Knaul, *meṭṭä* Wald, als auch andere, wie *pero* das Innere eines Ofens, *viero* Seite von *perä* hinterer Theil, *viere* Seite; 4) einige Substantiva nominalia auf *u*, als *kettu* Haut, vergl. f. *kete*, Nom. *kesi* mit derselben Bedeutung, *tihu* kleine Mücke, vergl. f. *tiheä* dicht; 5) Substantiva nominalia auf *okse*, *ukse* und *usta* (= *ukse* + *ta*) z. B. *hijlokse* Kohlenhaufen, *pielukse* und *pielusta* Kopfkissen, *eusta* Vordertheil, *kesusta*, *kessuṭṭa* Mitte, von *hijle* Kohle, f. *piele* eigentl. Ohr, *ede* das Vordere, *keske* Mitte; 6) Substantiva deminutiva auf *ukka*, z. B. *kebukkaźe* ganz leicht, von *kebiä*, *kebie* leicht; 7) Eigenschafts-Substantiva auf *ute*, *uo* z. B. *seppuo* Meisterschaft von *seppä* Schmied, *piduhuo*, *piduvuo* Länge von *pitkä* lang; 8) Verba auf *ujṭṭe*, z. B. *seppujṭṭe-* das Schmiedehandwerk ausüben; 9) Collectiva auf *ovehe* z. B. *meṭṭovehe* Waldgegend oder deren Bewohner.

Anmerkung 1. Auch in der dritten Sylbe verbleibt bisweilen ein *o*, *u* und kann alsdann Uebergang eines *ä* in *a* verursachen; z. B. *keravo* Versammlung, von *kereä-*, *kerätä-* sammeln, sowie einige an mehreren Orten gebräuchliche Ableitungen von *iźä* Vater und *emä* Mutter, *iźändä* Wirth, *emändä* Wirthin, Hausfrau: *iśannuo* das Wirthsein, *iśannojṭṭe-* Wirth sein, *emannoiṭṭe-* Wirthin sein, *iśakko* Männchen, *emakko* Weibchen (neben *iźännüö*, *iźännöjṭṭe-*, *emännöjṭṭe-*, *iźäṭṭü*, *emäṭṭü*). — *Kivikkö* steinige Stelle, *viṭikkö* Dickicht, von *kive* Stein, *viṭṭa* Reis u. a. haben doch immmer diese palatale Form, und nicht wie im Finnischen: *kivikko*, *vitsikko*.

Anmerkung 2. Beispiele von Vocalharmonie, die durch gleichartigen Einfluss eines nachfolgenden Vocals auf einen vorhergehenden entstanden, werden auch in einigen Zusammensetzungen angetroffen, wie *pera-halgo* statt *pärehalgo*, Holzscheit (*halgo*) aus dem Kienspäne (*päreke*, *pärie*, Nom.

päre) gespaltet werden; *lišša-vakka* statt *lišše-vakka* Pergelkorb, von *lišteke*, *lištie*, Nom. *lišše*, und *vakka*, *Lišša-pohja* ein Dorf am südöstlichen Ufer von Sieźjärvi.

§ 80. Einen anderen Fall von Vocalharmonie gewahrt man in der Identität zweier durch ein *h* getrennter Vocale in der zweiten und dritten, oder dritten und vierten Sylbe, von denen bald der vorangehende, bald der folgende assimilirend auf den anderen eingewirkt hat: 1) in drei- und mehrsylbigen Nominalstämmen auf *h*, welchem derselbe Vocal folgt, der dem *h* vorangeht, und welche, wie Aminoff[1]) nachgewiesen hat, ursprünglich die Endung *se* gehabt; z. B. *vieraha* statt *vierase* fremd, *erähä* für *eräse* ein anderer, jemand, *uroho* für *urose* Mann, *tervehe* für *tervese* gesund; *orehe* für *orise* Hengst, *kawnehe* für *kawnise* schön, sowie auch alle anderen, welche im Nom. Sing. auf *iš* auslauten, im Finnischen aber das *e* der Endsylbe in *i* verwandelt haben, z. B. f. *kaunis*, *kaunihi* oder *kaunii*; *kallis*; *kallihi* theuer u. s. w.; 2) in Wörtern auf *ehe*, die von verbalen Substantiven auf *na* und *nda* abgeleitet sind, wie z. B. *cländehe* Eigenthum, *pajnandehe* Niederung, *sulandehe* Oeffnung im Eise, kahle von Schnee entblösste Stelle; *kohinehe* Brausen, *burinehe* Summen, Sprudeln, Rieseln.

Anmerkung 1. Den Uebergang des auslautenden Vocals der Stammwörter in *e* bei frequentativen Verben auf (*e*)*le*, comparativen auf (*e*)*ne* sowie in abgeleiteten Substantiven auf (*e*)*ke* könnte man auch als Folge der Attraction des Schlussvocals ansehen; da jedoch ein solcher Uebergang in *e* auch vor Endungen mit anderen Vocalen ausser *e* vorkommt, so gebe ich der in § 85, § 89, c) und e) angeführten Erklärung den Vorzug.

Anmerkung 2. Der Vocal in den Endungen des Illativs der 3. Pers. des Imperativs und Optativs, sowie in der letzten Endung der verschiedenen Formen der Impersonalis, richtet sich, beim Hervortreten desselben, in den meisten Fällen nach dem Auslautsvocal des Stammes.

---

[1]) Etelä-Pohjanmaan kielimurt. Tutkimus, S. 12.

2. Vocalveränderungen, die durch einen nachfolgenden Consonanten (oder Halbvocal) hervorgerufen sind.

Die finnischen Grammatiker haben zwar eine Menge regelmässiger Veränderungen der auslautenden Stammvocale vor gewissen Beugungs- und Ableitungsendungen angemerkt, wie z. B. Uebergang von *a* in *o* vor der Endung des Plurals und Imperfects *i*, das Wegfallen von *a*, *ä*, *e* und *i* vor denselben Endungen, sowie von *e* und *i* vor anderen Endungen, die mit *i* beginnen; Umwandlung von *a*, *ä* in *e* vor dem *m* des Comparativs, dem *t* des Impersonals und der Ableitungssylbe *ne* der comparativen Verben, das Auftreten der Vocale *u* und *ü* vor *t* in Deminutiven und im Adjectivus II u. s. w. Man hat auch bisweilen diese Vocalveränderungen in gewisse Verbindung mit den Endungen gestellt, doch hat man, so viel mir bekannt, es nicht versucht diese Veränderungen anders zu verstehen und zu erklären, als möglicher Weise dem Gutdünken des Sprachgeistes zuzuschreiben, welches Gutdünken in der finnischen Sprachforschung im Allgemeinen eine nur allzugrosse Rolle spielt. In der Lehre von der Ableitung hat man sich überhaupt damit begnügt, den neuen Vocal der Endung zuzuzählen, welches Verfahren dahin geführt hat, eine Menge mit Vocal beginnender Endungen anzunehmen, wie z. B. für Nomina: *inen, ut, us (uden), us (uksen), os (oksen), as (ahan), as (aksen) o, u, e (ehen), io, ia, uri, in (imen)*; für Verba *enen, oitsen, oin, ahdan, aisen, elen, in, on;* das heisst ungefähr die Hälfte sämmtlicher Ableitungsendungen[1]).

Da ich nun bei der Darstellung hierher gehörender Veränderungen im Karelischen erklären will, dass dieselben durch Attraction eines nachfolgenden Consonanten auf den vorhergehenden Vocal entstanden sind, so muss ich einige allgemeine Anmerkungen vorausschicken.

Dadurch dass man ein sprachliches Phänomen für eine Laune des Sprachgeistes erklärt, erklärt man nur sein

---

[1]) Eurén, Suomalainen Kielioppi.

eigenes Unvermögen dasselbe zu erklären, sowie eine grosse Geringschätzung der durch Jahrtausende hindurch wirkenden natürlichen und vernunftgemässen Gesetze, denen die Sprache, ebenso wie jede andere Erscheinung des menschlichen Geistes folgt. Denn kann man nicht eine in einem Worte vorkommende Veränderung entweder etymologisch, als Zusatz mit besonderer Bedeutung, oder physiologisch als eine reine Lautveränderung ohne Bedeutung und nur als auf der Beschaffenheit der Sprachorgane beruhend erklären, so hat im Allgemeinen die Sprachforschung noch nicht die zur Erklärung dieses Phänomens erforderliche Entwickelung erreicht.

Bei der Annahme einer so grossen Menge vocalisch beginnender Beugungs- und Wortbildungsendungen für die westfinnischen Sprachen, hat man ausser Acht gelassen:

1) Dass viele Endungen, die ihrer übrigen Form und der Bedeutung nach identisch sind, in den verschiedenen Sprachen und oft in derselben Mundart eine grosse Verschiedenheit gerade in Betreff dieses ersten Vocales an den Tag legen, obgleich derselbe, indem er den ersten und ursprünglich betonten Laut des Zusatzes bildet, sich hätte am besten beibehalten sollen;

z. B. f. *ukse* (*ykse*), *okse* (*ökse*), olon. *ekse*, ehstn. *use*, *ese*, *ise*, liv. *oks*, *gos*; f. *ute* (*yte*), ehstn. *use*, *ise*, liv. *ito*; f. *ute* (*yte*), vot. *ote* (*üte*); f. *ehe* (eigentl. *eke*) liv. *ogo*, *ūgo*; f. *ele*, kar. (bisw.) *ale*; f. *ene*, kar. (bisw.) *ane* u. s. w.;

2) Dass alle Endungen aus selbständigen Wörtern entstanden sind und dass vocalisch anlautende Wörter, die in den meisten Sprachen nur sehr selten vorkommen, in den westfinnischen Sprachen ungefähr nur ein Neuntel des ganzen Wortvorrathes bilden, woher auch mit einem Vocal anlautende Endungen im Verhältniss zur ganzen Anzahl nur in geringem Maasse angetroffen werden dürften. Hiergegen könnte man allerdings einwenden, dass solche Endungen, die jetzt mit einem Vocal beginnen, ursprünglich Wörter mit anlautendem, aber später geschwundenem Consonant sein können; dieser Annahme widerspricht jedoch der Umstand

dass bei Verbindungen zweier Wörter gewöhnlich nicht der Anfang des zweiten Wortes, sondern der Schluss des ersten abgenutzt wird, welches ja auch ganz natürlich ist, wenn man bedenkt, dass die erste Sylbe des letzteren Wortes betont, der Schluss des ersten dagegen gewöhnlich tonlos ist.

Ein grosser, und wahrscheinlich der grösste Theil der Endungen ist entstanden, als die westfinnische Sprache sich noch auf bedeutend älterem Standpunkt als jetzt befand, und viele jetzt vorkommende Lautgesetze sich noch nicht ausgebildet hatten. So müssen z. B. die meisten der in Frage stehenden Endungen älter sein als die Vocalharmonie, da die ersteren in allen westfinnischen Sprachen angetroffen werden, die letztere aber nur in einigen derselben. Man hat nämlich keinen triftigen Grund für die Annahme, dass die Vocalharmonie früher z. B. im Wepsischen oder Livischen in anderer Weise vorgekommen sei, als in dem prototypischen Zustande, worin dieselbe im Wepsischen noch angetroffen wird. Andererseits sind die Endungen im Laufe der Zeit so vielen Veränderungen unterworfen gewesen, und bisweilen gänzlich weggefallen, dass es in manchen Fällen unmöglich ist, aus dem jetzigen Zustand der Sprache auf einen vernünftigen Grund einer Lautveränderung zu schliessen. So kennt die ehstnische Grammatik, um nur ein einziges Beispiel anzuführen, kein „i des Plurals" mehr, in demselben Sinn, wie die finnische, sondern erwähnt blos verschiedener Vocale als Zeichen des Plurals, die man vom finnischen Gesichtspunkt aus blos für Veränderungen des auslautenden Vocals des Stammes vor dem Pluralzeichen i zu betrachten hat.

Da also eine Anzahl für die meisten westfinnischen Sprachen gemeinsamer Vocalveränderungen, die, von dem Standpunkt jeder einzelnen Sprache aus betrachtet, oft ganz willkürlich scheinen, und von denen man nur vom allgemein westfinnischen sprachlichen Gesichtspunkt ausgehend nachweisen kann, dass dieselben irgend einen Grund haben können, ist es nöthig, soweit möglich, zu ermitteln, welche Veränderungen die Endungen erlitten haben, d. h. mit andern Worten, die älteste allgemein westfinnische Form der Endungen zu erforschen. Eine wirkliche Einsicht in das Verhältniss zwischen Vocalveränderung und Endung kann man aber nur in dem Fall gewinnen, wenn man die Art und Weise, wie die verschiedenen Laute gebildet werden, kennen gelernt hat, und zwar insbesondere die organische Verwandtschaft, die zwischen den Vocalen und Consonanten, mit den Halbvocalen als Zwischengliedern, herrscht.

Schliesslich wollen wir noch des Umstandes erwähnen, der viele scheinbare Widersprüche in den Veränderungen der Vocale erklärt. Da die Sprache schon auf ihrem ältesten Standpunkt sich an gewisse Uebergänge vor besonderen Endungen gewöhnt hatte, die in Folge der Lautverhältnisse der meisten ursprünglichen Wörter ganz natürlich waren, kam man allmählig dazu, diese Lautveränderungen als gewissermassen mit den Endungen verbunden anzusehen und liess sie vor denselben Endungen auch dann eintreten, wenn irgend eine andere oder gar keine Veränderung mehr naturgemäss gewesen wäre. So wird es z. B. klar, weshalb *e* in *o* oder *u* nicht aber in *i* in verbalen Substantiven auf *kse* übergeht, sowie in *iskokse, tulokse, purukse, tunnukse*, weshalb *e* vor der Endung *ke* auch in den von Verben auf *u*, *o* und *i* abgeleiteten Substantiven auftritt, sowie *puheke, sitke, miettekc*, und weshalb *o* vor der Endung comparativer Verba *ne* bisweilen in *e* übergeht, z. B. *heikkene-* geschwächt werden, von *heikko*.

Wir wollen nun auf Grund der vorausgeschickten lautphysiologischen Darstellung und unter Voraussetzung, dass eine Menge Vocalveränderungen durch Einwirkung nachfolgender, zu den Endungen gehörender Consonanten entstanden sind, untersuchen, welche Vocale in Folge der Lautverwandtschaft vor den zu besonderen Articulationsstellen gehörenden Consonanten auftreten dürften, um darauf zu erforschen, ob und in welchem Grade die im Karelischen eingetroffenen Veränderungen der Theorie entsprechen.

Ein gutturaler Consonant (k_1) würde zunächst die gutturalen Vocale *y* und *ō* vor sich erfordern. Da aber alle

westfinnischen Sprachen das *y* und mehrere derselben das *ö*
entbehren, so ist es wahrscheinlich, dass diese Vocale in
vielen Fällen durch die entsprechenden zusammengesetzten
labialgutturalen Vocale *u* und *o* ersetzt worden sind, welche
wiederum späterhin, nachdem die Vocalharmonie sich zu
einem Gesetze entwickelt hat, nach einem palatalen Vocale
gegen *ü* und *ö* vertauscht worden sind.

Da aber die gutturalen Consonanten Nebenformen mit
palatogutturaler Articulation (k_2) haben, die hauptsächlich
in Verbindung mit solchen Vocalen gebraucht werden, bei
denen die Zunge hervorgestreckt ist (*i, e, ä, ü, ö*), welche
Nebenformen die Sprache gleichwohl nicht für besondere
Consonanten ansieht, kann man andererseits vor den gutturalen Consonanten (incl. die palato-gutturalen), die Vocale
i̯ und *e̯*, sowie in Folge der Vocalharmonie *i* und *e* erwarten.

Von einem palatalen Laute (*j*) kann man annehmen,
dass er die Vocale *i* und *e*, und in Folge der Vocalharmonie
i̯ und *e̯* vor sich erfordert.

Vor einem dentalen Consonanten (*t, l, n, r, s*) müsste
der Vocal *e̯*, oder in Folge der Vocalharmonie *e* auftreten.

Die labialen Consonanten (*p, m, v*) müssten eine Veränderung des vorhergehenden Vocals in einen labialen (u_1 o_1 (o_2)) bewirken; da jedoch diese rein labialen nur als
Nachlaut in uneigentlichen Diphthongen gebraucht werden,
ist es wahrscheinlich, dass die labiale Vocalstellung sich
entweder mit der palatalen oder gutturalen verbinden würde,
je nachdem, ob der Vocal der vorhergehenden Sylbe palatal
ist oder nicht, wodurch man die Vocale *ü, ö* oder u_2, o_4 (o_5)
erhielte.

Die auf dem Gebiete des Karelischen wahrgenommenen,
hierher gehörenden Vocalveränderungen sind in den folgenden
§§ (82—90) dargestellt.

α. Vor ursprünglich gutturalem Consonant:

§ 82. a) *a* geht in *o* (*ä* in *ö*) über vor dem aus *k*
entstandenen, am Schluss einer Sylbe wegfallenden *j* in der
Endung caritiver Adjectiva; z. B. *huoletojn, huolettoma* unbesorgt, für *huolet(t)akma* vom Abessivus *huoletta* für *huo-*

lettaka (vergl. den lappischen Abessivanhang *taga*); *kieletöjn kielettömä* stumm, von *kielettä*; (*mitöjn*) *mittömä* nichtig, vom Abessiv. *mittä* des Pronom. *mi*.

Das Wepsische hat in diesem, sowie in vielen andern Fällen den älteren rein gutturalen Vocal *ō* z. B. *agjatöjn, agjatōma* endlos, *keletöjn, -tōma* ohne Zunge.

In vielen finnischen Formen wird Vocalveränderung selbst schon im Abessiv angetroffen, in diesem Fall jedoch zu *i* statt zu *o*; z. B. *äänetik* oder *ääneti'* still, *huoletik huoleti'* sorglos.

b) *a* wird oft in *o* verwandelt vor der Plural- und Imperfectendung *j*, von denen man wenigstens die erstere allgemein als aus einem älteren *k* entstanden ansieht; dieses geschieht immer in zweisylbigen Stämmen, in deren erster Sylbe ein *a e* (= *e*) oder *i* (= *j*) vorkommt; z. B. *paloj, lewgoj, hiekkoj*, Pluralstämme von *pala* Stück, *lewga* Kinn, *hiekka* Sand; *soattoj, awttoj, kigloj*, Imperfectstämme von *soatta-* begleiten, *awtta-* helfen, *kigla-* sich schwingen; 2) im Plural solcher mehrsylbiger Nomina, die ein *kk* vor *a* haben, sowie auch im Plural einiger anderer Wörter, z. B. *harakkoj*, Plur. von *harakka* Elster.

Ausnahme. Im Verbum *virkka-* sagen wird *a* im Imperfectum in *i* verwandelt: *virkki*.

c) *a (ä)* und bisweilen auch ein anderer Vocal gehen in *o (ö)* über vor der im Karelischen fast ganz entschwundenen Endung *j*, womit Substantiva, meistentheils Deminutiva von anderen Nomina gebildet sind; z. B. *kokko* Adler von *kotka* id., *korvo* Zuber von *korva* Ohr, *luppo* hängende Moosflechte, vergl. *luppa-korva* Langohr, *moamo* Mutter von *moama, metto* Birkhahn von *mettä* Wald, *rebo* Fuchs, vergl. ehstnisch *rebane*, *toatto* Vater von *toatta* id., *vejkko* Bruder, vergl. das finnische (in der Gegend von Kymmene) *veikka, hölmö* Tölpel, vergl. Adj. *hölmäkkä, tüttö* Mädchen, Tochter vergl. *tüttä-re* und *tütti* id., *ämmö* Grossmutter von *ämmä* altes Weib.

j wird volltönig noch im Wepsischen und in Liwgi angetroffen und hat in der letzteren Mundart consonantische

Natur, so dass Consonantenschwächung vor demselben eintritt, z. B. *kukoj*, Hahn, *tūtöj*, *lupoj*; in der Savolax-karelischen Mundart ist dasselbe zu einem schwachen *i*-Laut geschwächt, der nur vor einem Vocal als *j* hervortritt; *kukkoi*, Partit. Sing. *kukkoja*; in der südösterbottnischen Mundart ist dasselbe von einem vorhergehenden Vocal assimilirt worden; z. B. *kukkoo*, *juhlikee*.[1]) Uebrigens ist dasselbe aus der Sprache geschwunden, so dass z. B. Ahlqvist[2]) nur einer Deminutivendung *o*, nicht aber eines *j* oder *i* erwähnt. Gleichwohl ist *j* hier Hauptsache und *o* nur eine veränderte Form des Bindevocals, welches sich am besten dadurch beweisen lässt, dass in entsprechenden Wörtern auch andere Vocale ausser *o* vor diesem *j* vorkommen; z. B. *u* und *e* im ehstnischen *himu* für *himo*, statt *himoj*, *talu* für *talo(j)*, *kukk kuke* für *kukko(j)*; *e* und *i* im Finnischen z. B. die südösterbottnischen Formen *korree* Zuber = *korvo*, *juhlikee*, *kasvatee* = den allgemein gebräuchlichen *juhlikki* für *juhlikkij*, *kasvatti* für *kasvattij*. Dass die Endung jedoch ursprünglich mit einem gutturalen Laut begonnen hat, wird zufolge des überwiegenden Gebrauchs von *o* und *u* in diesen Wörtern wahrscheinlich, und dass dieser gutturale Laut ein Consonant gewesen, scheint aus den hier vorkommenden Consonantenschwächungen (siehe die liwgischen und südösterbottnischen Beispiele) hervorzugehen. Ich bin daher der Ansicht, dass dieses *j* aus *k* entstanden sein mag und halte dafür, dass diese Endung mit der Demunitivendung *(u)kka*, *(o)kka*, *(i)kka* identisch ist, von der die Demunitivendung *(u)kte*, *(o)kte* wahrscheinlich eine Fortbildung ist.

d) *a* geht in *o* über, gewöhnlich auch vor der wahrscheinlich mit dem Pluralzeichen und der ebengenannten Endung verwandten, aber aus dem Karelischen jetzt völlig geschwundenen Ableitungsendung *j* der Verba; z. B. *ajgo-* verursachen, *hawdo-* brüten, *hoaro-* sich verzweigen, *sago-*

---

[1]) Aminoff, Etelä-Pohjanm. kielimurt. Tutk. S. 24, 25, 68a.
[2]) Suomen kielen Rakennus, § 104.

dick werden, von *ajga* Zeit, *hauda* Grube, *hoara* Ast, *sagie* = *saketa* dick; *lippo-* werfen, *lohko-* spalten, *puno-* drehen, flechten, winden, *survo-* stossen, *tahto-* wollen, vergl. *lippaele-, lohkaise-, punalda-, survaise-,* ehstn. *tahan, tahtma.*

e) *a (ä)* geht in *o* über vor der Ableitungsendung der Subst. collectiva *vehe*, z. B. *herrovehe* Herrschaft, *pojgovehe* Brut junger Thiere, *alovehe* Gebiet, *metfovehe* Waldgegend.

Man könnte möglicher Weise dafür halten, dass diese Vocalveränderung durch den nachfolgenden Lippenlaut *v* verursacht worden, welcher alsdann ursprünglich wäre. Da aber im Finnischen hier Veränderung in *u* vor sich geht, was sonst vor Labialen nicht geschieht, da *v* hier fehlt und *o* und *u* in vielen Fällen beibehalten werden, wo die Vocalharmonie *ö* und *ü* verlangen würde; z. B. *metfovehe* von *metfä* = finn. *metsuehe*, finn. *heinuehe* von *heinä*, *pesuehe* von *pesä*[1]) so wird man hierdurch zur Annahme eines gutturalen Lautes *k* im Beginne der Endung geführt, welches *k* im Karelischen nach *o* zu *v* geschwächt worden und im Finnischen weggefallen wäre (vergl. § 57, b). Die Endung (*v*)*ehe* wäre also aus *kehe* gebildet und dürfte mit der gleichbedeutenden collectiven Ableitungsendung (*j*)*aha* identisch sein, da beide natürliche Veränderungen von *kase* sein könnten (vergl., was die Veränderungen der Vocale betrifft: *kaunise*, finn. *kaunihi* und kar. *kaunche*; von *vierase vieraha*, aber von *kohinase kohinehe*).

§ 83. *a (ä)* sowie auch *e* und *i* gehen in *o* oder *u* (*ö, ü*) über vor der Endung *kse*, Nom. *s*, womit Benennungen einer Handlung von Verbalstämmen abgeleitet werden, sowie auch oft vor derselben Endung, wenn dieselbe Substantive aus andern Substantiven oder Partikelstämmen bildet; z. B. *vojtokse* oder *vojtukse* Sieg, *tüönnökse* Sendung, *panokse* Ladung, *loajokse* Handlung, That, von *vojtta-, tüöndä-, pane-, loadi-;* *kannatukse* Pferdelast, *totutukse* Anzündungsmittel, *häviükse* Verfall, *valijukse* Wahl, *ejukse* Suchen, von *kannatta-, totutta-, hävi(t)ä-, valitfe-, etti-;* *hijlokse* Haufen glühender

---

[1]) Vergl. Suomen kielen Rakennus, § 63.

Kohlen, *kerrokse* Mal, Reihe, von *hijle* und *kerda;* *sovukse* Kleidungsstück, *lahjukse* Gabe, *huomenukse* neben *huomenekse* Morgen, *seämükse* Eingeweide, von *soba, lahja, huomcne, seäme;* *kolmannukse* Drittel, von *kolmande*.

Im Ehstnischen findet man oft *i* oder *e* vor dieser Endung,[1]) aus der *k* immer weggefallen ist, im Olonetzschen *e* in Wörtern, die von mehrsylbigen Verben auf *tta* abgeleitet sind.[2]) Im Livischen steht *ū* vor derselben in Wörtern, die von zweisylbigen Verben und Nomina mit kurzer erster Sylbe abgeleitet sind, sowie *katūks* Dach, *kädūks* Aermel, in übrigen Fällen kommt hier jedoch der Vocal *ọ* vor, welcher nach Wiedemanns Beschreibung $= ẹ + u_1$ zu sein scheint, z. B. *kītọks* Erzählung, *nagrtọks* Spott, *suormọks* Ring. Doch trifft man auch Ableitungen mit dieser Endung ohne vorhergehenden Vocal an, wo die Endung die Form *kọs* oder *gọs* hat, welcher Umstand zu beweisen scheint, dass *k* und *s* hier nicht so zusammen gehören, wie man gewöhnlich anzunehmen pflegt; *kudgọs* Einschlag beim Gewebe, *idgọs* Keim, *mọtkọs* neben *mọtk* Gedanke, *sädgọs* Funke. Diesen letzteren entsprechen im Finnischen und Ehstnischen Wörter auf *ke*, sowie *kuteke, mietteke, säteke,* Nom. *kude, miete, säde,* und im Livischen kommt dieselbe Endung auch vor in der Form *gọ,* Nom. *g* mit den gleichen Vocalveränderungen wie vor *ks;* z. B. *nūo-* oder *ülpidūg* Lebensunterhalt, *moistọg* Begriff, *paistọg* Schein (vergl. finn. *piteke,* z. B. in *mielipide* Ansicht, und *pito, muisto* und *muisti* Gedächtniss, *paisteke* und *paisto* Schein, *paisti* Braten). Dieses alles scheint auszuweisen: 1) dass die vor der Endung *kse* stehenden Vocale *o (ö) u (ü) e, i, ọ* nicht zur Endung gehören; 2) dass die ältere Form dieser Endung *kese* gewesen, die mit *ke* derart verwandt ist, dass die erstere die ältere vollständige Form der letzteren bildet, oder was wahrscheinlicher ist, dass die erstere durch Zusammensetzung der letzteren mit *se* entstanden ist. — In der finnischen

---

[1]) Krohn, Viron Kielioppi, § 128, d).
[2]) Suomi II Jakso. 8:s osa S. 220.

Grammatik pflegt man die Endung *ukse*, *okse* als aus einer Verbindung der Endung *u*, *o* mit *kse* entstanden anzusehen;[1]) dieses widerstreitet jedoch unserer Erklärung, wonach *ukse okse* aus *(u)k(e)se (o)k(e)se* entstanden sind, ebensowie *ekse* und *i(k)se* aus *(e)k(e)se* und *(i)k(e)se*.

Wohl aber kann die Endung *kse*, in Folge der Verwandtschaft, die zwischen Substantiven auf *o*, *u* und denen auf *okse ukse* stattfindet, einen Wink über die Entstehung der ersteren geben: die Veränderung des Auslautvocales der Nomina und der Verben zu *o*, *u* (und *i*) zur Bildung abgeleiteter Substantiva, kann darauf beruhen, dass die Endung ursprünglich *k* gewesen, welches im Auslaut weggefallen ist, aber vor einem später hinzugekommenen *s* oft stehen bleibt, z. B. finn. *paino* Druck, für *painok* von *painak*, woraus auch *paineke* und *painok-se*; *kesku* Mitte für *keskuk* von *keske-k*, woraus *keskuk-se* und *keskusta* (= *keskukse-ta*); *paini*, *anti* für *painij antij*, *painik antik* = *painak antak* = *paineke*, *anteke*; *kasvatti* für *kasvattij* oder *kasvattik* = südösterb. *kasvatee* = finn. *kasvatteke*, woraus auch ehstn. *kasvatise*, liwg. *kazvatekse*, finn. *kasvatukse*.

§ 84. a) *a* (*ä*) und bisweilen *e* und *i* gehen in *u* (*ü*) über in Eigenschaftsnamen auf *(u)te*, *uo*, Nom. *(u)s* oder *(u)t*, die von Adjectiven und Substantiven gebildet sind, z. B. *pahuo* Bosheit, *nojduo* Zauberei, *korgehuo* oder *korkeruo* Höhe, *vellcksüö* Brüderschaft *moasteruo* Meisterschaft, von *paha*, *nojda*, *korgia korgie*, *vellckse*, *moasteri*.

b) *e* wird zu *u* (*ü*) verwandelt in den substantivischen Deminutiven auf *(u)te*, *uo*, Nom. *(u)t* sowie *soaruo*, *kädüö*, *kukkažuo*, von *soare* Insel, *käde* Hand, *kukkaže* Blume, und ebenso kommt ein *u* (*ü*) anstatt eines ursprünglichen *a* (*ä*) oder *e* vor in der Endung *nuo*, Nom. *nut* für Adj. II Activi, z. B. *ottanuo* für *ottanute* von demselben Stamm wie *ottanehe*.

c) *a* (*ä*) geht in *u* (*ü*) über auch im Adj. II der impersonellen Form, welches Particip, wie aus den an manchen

---

[1]) Vergl. z. B. Suomen kielen Rakennus § 43.

Orten gebräuchlichen Genitiven auf *uen* z. B. *otettuen, pantuen, nähtyen*, aus dem ehstn. Nom. auf *ud*, z. B. *pandud, tehtud*¹), sowie aus den wotischen Partitiven auf *ut-ta: čülpeüttä kazivutta* ²), hervorgeht, ursprünglich dieselbe Endung *u(te)* wie die oben Moment a) und b) erwähnten Wörter gehabt zu haben scheint.

Schon oben ist erwähnt worden, dass im Nordkarelischen, in Folge der Einwirkung des Nebenaccents, nach den Vocalen *u* (*ü*) im Plural der Eigenschaftsnamen, Deminutive und Adj. II Activi ein *j* vernommen wird, welches auch im Vepsischen, wenigstens in den Deminutiven auf *(u)de* angetroffen wird, und welches auszuweisen scheint, dass die ältere Form dieser Endung *(u)jte* gewesen. Im Livischen ist die Endung der Eigenschaftsnamen *ito*, Nom. *it*, die an die starke Form des Stammes gefügt wird, welcher Umstand darauf hindeutet, dass *i* hier ursprünglich lang gewesen ist; z. B. *vannit* Alter von *vana* alt, *tovrit* Tiefe, von *tova*, *sūrit* Grösse, *pitkit* Länge, *madālit* Niedrigkeit³); hier wäre also der Anlautsvocal des Stammes vor *jte* in *i* übergegangen, welches *i* sich mit nachfolgendem *j* erst zu langem und darauf zu kurzem *i* verbunden hätte. Bedenkt man noch ausserdem, dass Consonantenschwächung im Karelischen (§ 52 Anm. 2. e) vor dieser Endung ebenso wie im Finnischen bisweilen eintritt⁴), so scheint *j* aus einem Consonanten entstanden zu sein, der sich auch im Finnischen im Plural der Nomina qualitatis beibehalten hat; vergl. z. B. kar. *tervehüjsillä* und finn. *terveyksillä*. Dieser Consonant *k* erklärt die Verwandlung der Vocale zu *u* (*ü*) und *i* in den Nomina qualitatis. Dagegen kann man bei dem jetzigen Standpunkt der Forschung aus keinem anderen Grunde auf die Existenz eines *k* in der Endung der Sub-

---

¹) Etelä-Pohjanm. K. T., S. 49.
²) Wotisk grammatik II, Lied No. 2, S. 91 u. 92.
³) Livische Grammatik, § 17.
⁴) Suomen kielen Rakennus, § 56, 4.

stantiva Deminutiva und Adj. II schliessen, als gerade aus den Veränderungen der Vocale.

d) Auch vor der Deminutivendung *kka* wird der Vocal *u* (*ü*) häufig angetroffen, z. B. *kebukkaźe, nejṭükkäźe, lühükkäźe, juopukkaźe*.

§ 85. *a* (*ä*) und auch *u, o, i* werden in *e* verwandelt vor der Endung *ke*, mit der Substantiva meist aus zweisylbigen Verben gebildet werden; z. B. *kostie*, N. *kosse* Lee, Windstille, *kublie* fliessender, schwimmender Zustand, *pettie* Irrthum, *rikkie* Nom. *rike* Zauberei, *rippie* hängender Zustand, *tüppie* Propfen, von *kosta-, kubla-, pettä-, rikko-, rippu-, tüppi-*.

Dass diese Endung *ke* ist, obgleich im Karelischen der Consonant *k* verloren gegangen, und das Finnische in einigen Mundarten denselben durch *t* ersetzt, lässt sich durch die entsprechenden wepsischen Wörter auf (*e*)*ge, ke* und die auf (*o̤*)*go̤*, (*ü*)*go̤* im Livischen beweisen. Der Uebergang des Bindevocales in *e* vor dieser Endung lässt sich vielleicht doch besser durch Einwirkung des Vocales *e* der Endung als durch den Consonanten derselben erklären.

§ 86. a) *a* (*ä*) *e* und bisweilen auch andere Vocale gehen in *i* über vor der Endung *kko, kkö*, die Substantiva mit collectiver und örtlicher Bedeutung bildet; z. B. *varvikko, viṭikkö, peñzahikko, kivikkö, kuwzikko, kojvikko, männikkö* von *varba* Zweig, *viṭa* Reis, *peñzaha* Busch, *kive* Stein, *kuwze* Tanne, *kojvu* Birke, *mändü* Fichte (oder von den Stammwörtern der beiden letztgenannten Wörter *kojva, mändä*, vergl. Demin. *kojvahaźe, mändähäźe*).

Mit dieser Endung ist wahrscheinlich *vo* identisch (beide aus *ko* entstanden, dessen *k* im ersteren Fall verstärkt, in dem letzteren vor *o* in *v* geschwächt ist), vor welcher ebenfalls *i* angetroffen wird; doch sind die karelischen Wörter mit dieser Endung sowohl ihrer Bedeutung als der Ableitung nach dunkel; derartig sind *adivo* oder *advo* Gastfreund, *kuññivo* etwas Ausgezeichnetes (wie Speise, Trank u. s. w.), *nuodivo* Bivuakfeuer, *astivo* Egge.

b) *a (ä)* werden oft und *e* stets in *i* verwandelt vor der Deminutivendung *kka;* z. B. *muśsikaźe*, Heidelbeere, *kajjikkaźe* sehr schmal, *kujvikkaźe* ganz trocken, von *musta* schwarz, *kajda* schmal, *kujva* trocken; *juwrikka* Wurzel, *matikka* Quabbe, von *juwre, madehe; nuorikkaźe* ganz jung, von *nuore.*

c) *a (ä)* geht bisweilen, und *e* immer in *i* über vor der Adjectivendung *kkaha;* z. B. *sullikkaha* federreich, *hännikkähä* mit grossem Schweif versehen, *mähnikkähä* laichreich, *lehvikkähä* astreich, *penzahikkaha* gebüschreich, *najźikkaha* verheirathet, *seämikkähä* jähzornig, von *sulga* Feder, *händä* Schwanz, *mähnä* Laich, *lehvä* Ast, *penzaha* Busch, *najźe* Weib, *seäme* Herz; sowie auch die von mehrsylbigen Verben auf *e (le* und *źe)* abgeleiteten, als *mögiźikkähä* mürrisch, *kazvelikkaha* gross von Wuchs, *suwtkelikkaha* spasshaft, *sobelikkaha* fügsam.

§ 87. a) *e* wird immer und *a (ä)* oft in *i* verwandelt vor der Plural- und Imperfectendung *j*, die dann gemäss § 93, b) wegfällt.

Diese Veränderung von *a (ä)* kommt vor:

1) in zweisylbigen Nominal- und Verbalstämmen, die in der ersten Sylbe ein *o, oj, ow, u, uj, uw, uo* oder einen weichen Vocal haben; 2) in allen mehrsylbigen Verben und in beinahe allen mehrsylbigen Nomina (vergl. § 82, b). Beispiele: *vijźin, hebożin* von *vijde* fünf, *heboźe* Pferd; *peśi, tuli, käveli* von *peze-* waschen, *tule-* kommen, *kävele-* wandern; *sobih, pojgien, buolilla* von *soba* Kleidungsstück, *pojga* Sohn; *buola* Strickbeere; *reähiśśä, hännillä, kengiśśä, küliśśä* von *reähkä* Sünde, *händä* Schweif, *kengä* Schuh, *külä* Dorf; *nosti vojtti, jowdi, murdi, mujśti, muwtti, vuotti* von *nosta-* heben, *vojtta-* gewinnen, *jowda-* ledig sein, *murda-* brechen, *mujśta-* sich erinnern, *muwtta-* verändern, *vuotta-* warten; *hierdi, jüsti, löwdi, vältti* von *hierdä-* schaben, *jüstä-* eine Oeffnung ins Eis hauen, *löwdä-* finden, *välttä-* taugen; *kajjembih, ozattomilla*, von *kajjemba* schmäler, *ozattoma* unglücklich; *emänńillä, mittömillä, kebejdä* von *emändä* Wirthin, *mittömä* ohne Bedeutung, nichtig, *kebiä* oder *kebie* leicht; *vakusti*,

ammuldi von *vakusta*- versichern, *ammulda*- schöpfen; *terendi* von *terendä*- schärfen, *otettih*, *etittih* von *otetta*-, *etittä*-, Impersonalstämme von *otta*- nehmen, *etti*- suchen.

Im Worte *suola* Salz geht *a* vor dem *j* des Plurals in *o* über; z. B. *suolojssa*. Im Imperfect der impersonellen Form geht *a (ä)* immer in *i* über, selbst wenn die oben angegebenen Bedingungen nicht erfüllt sind; z. B. *soadih* von *soada*, Impersonalstamm von *soa*- erhalten.

b) *e* und *ä* werden immer, und *a* wenn das Stammwort ein Nomen mit *o* oder *u* in der ersten Sylbe ist, in abgeleiteten Verben auf *i*, die denen in § 82 d) erwähnten entsprechen, in *i* verwandelt; z. B. *ńokki*- pflücken, *kukki*- blühen, *sugi*- kämmen, *kojri*- schelten, von *ńokka* Schnabel, *kukka* Blüthe, *suga* Kamm, *kojra* Hund; *keńgi*- beschuhen, *ńühti*- oft zupfen, *lükki*-, *hüppi*-, *sūdi*-, von *keńgä*- Schuh, *ńühtä*- zupfen, *lükkeä*- stossen, *hüppeä*- springen, *südeä*- stossen; *kündi*- oder *kūńsi*- kratzen, *kieli*- klatschen; von *künde* Klaue, Kralle, *kiele* Zunge.

Anmerkung. Die Endung ist hier natürlicher Weise zuletzt *j* gewesen (enstanden aus *k*), die darauf nach *i* fortgefallen ist. Bisweilen wird Veränderung zu *i* auch da angetroffen, wo man *o* erwartet hätte; z. B. *hawkki*- von *hawkkoa*- beissen.

c) *a* in zweisylbigen nominalen Stammwörtern wird oft in *i* verwandelt, auch vor der mit der vorhergebenden Endung wahrscheinlich verwandten Endung *jtte* z. B. *kawpitte*- handeln, *rammitte*- hinken, *tussitte*- sich ängstigen, von *kawppa* Handel, *ramba* hinkend, *tuska* Angst.

Anmerkung. In dreisylbigen Stammwörtern wird *a (ä)* zu *o (ö)* verwandelt, und bisweilen sogar in zweisylbigen zu *o (ö)* oder *u (ü)*; z. B. *hajtukkojtte*- nachlässig sein, *emännojtte*- oder *emännöjtte*- Wirthin sein, *sijbilöjtte*- seihen, von *hajtukka*, *emändä*, *sijbilä*; *pillotte*- Schaden verursachen, *reähküjtte*- sündigen von *pilla*, *reähkä*.

d) *a (ä)* geht in *i* über vor der Endung *że*, die zur Bildung onomatopoetischer Verba von nunmehr ungebräuchlichen Stammwörtern dient; z. B. *tuhiże*- zischen, *muriże*-

brummen, *kubiźe-* jucken, *pagiźe-* sprechen, *räriźe-* zittern, *ṭiriźe-* knirschen, welche denselben Ursprung wie die gleichbedeutenden *ṭuhaja-*, *muraja-* etc. sowie die momentanen *ṭuhahta-*, *murahta-* u. s. w. haben.

Dass hier vor *źe* ein *k* vorgekommen ist, welches die Vocalveränderung verursacht hat, lässt sich durch das Livische beweisen, das in einigen hierhergehörenden Verben noch ein *k* hat; z. B. *kräbīkš(ǫ)-* rascheln, *bulīkš(ǫ)* sprudeln, brodeln, die ihrer Bedeutung und Form nach den finnischen *krapise-* und *pulise-* entsprechen.

e) *a (ä)* geht in *i* über im Ablat. Sing., sowie in Südkarelen auch im Elat. des Sing., wenn diese Casus adverbiel gebraucht werden; z. B. *bohataldi* reichlich; *hüäźesti* recht tüchtig (in Nordkarelen *hüväšestä*). — Dass hier eine consonantische Endung, wahrscheinlich *k*, vorgekommen ist, welche die Vocalveränderung hervorgerufen hat, lässt sich aus den entsprechenden finnischen Formen beweisen, die mit Schlussaspiration oder *k* schliessen; z. B. *lavealti'*, *hyvästi'* oder *laveeltik hyvästik*.

β. Vor ursprünglich palatalem Laut.

§ 88. a) *a (ä)* und *e* werden in *i* verwandelt vor der Superlativendung *jmba*, Nom. *jn;* z. B. *kovimba, kaṅgejmba, piťimbä, hädräkimbä, nuoŕimba, pohjaźimba* von *kova* hart, *kaṅgia kaṅgie* steif, *pitkä* lang, *hädräkkä* unstät, schwach, *nuore* jung, *pohjaźe* nördlich.

Wahrscheinlich ist wohl, dass *j*, welches die Endung des Superlativs von der des Comparativs unterscheidet, identisch mit dem Pluralcharacter *j*[1]) ist; da aber die Vocalveränderung im Superlativ von der im Plural sich dadurch unterscheidet, dass im ersteren kein Uebergang in einen labial-gutturalen Vocal angetroffen wird, da *k* nicht einmal sporadisch im Superlativ auftritt, und da schliesslich dieser Grad der Comparation sich nur in einigen westfinnischen Sprachen ausgebildet hat, ist es wahrscheinlich, dass er

---

[1]) Vergl. Suomen kielen Rakennus, S. 180.

jünger ist als die Schwächung des *k* im Plural zu *j*, weshalb derselbe erst hier behandelt worden ist.

b) *a (ä)* und *e* gehen in *i* über vor der Endung *jme* Nom. *jn*, mit der Substantiva von Verben abgeleitet werden; z. B. *mujśtime* im Worte *mujśśin-päjvä* Tag zum Andenken der Verstorbenen, *uuśtime* Fischgeräth = finnisch *uistime* vom Verbum *uista-*, *särbime* Zukost von *särbä-* löffeln, *polkime* Steigbügel von *polke-* steigen; *avajme* Schlüssel, *viśkajme* Schöpfkelle von *avoa-* öffnen, *viśkoa-* werfen.

Die contracten Verba können jedoch in Nordkarelen ihren contrahirten Stamm vor dieser Endung beibehalten, z. B. *avoame* Nom. *avoajn*, *viśkoame* Nom. *viśkoajn*.

c) *a (ä)* wird bisweilen in *i* verwandelt vor der nominalen Ableitungsendung *jźe*, Nom. *jńe*. Dieses geschieht regelmässig: 1) in dem vom Subst. III auf *ma (mä)* gebildeten Subst. IV mit der Endung *miźe*; z. B. *koalamiźe*, *särbämiźe* von *koala-* waten, *särbä-* löffeln; sowie 2) in den von Adessiven auf *lla (llä)* abgeleiteten Adjectiven auf *lliźe* z. B. *tojźen-moalliźe* ausländisch, *vällälliźe* frei, *ünnälliźe* ganz.

In dem Wort *erilläźe* verschieden ist *ä* jedoch beibehalten.

d) *e* wird in *i* verwandelt sowohl vor der obengenannten als vor allen anderen mit *j* beginnenden Endungen, auch wenn das *j* in Folge anderer Lautgesetze schwindet: 1) Vor der Conditionalendung *jźi* z. B. *tuliźi*, *käveliјśi* oder oder *käveliźi* von *tule-* kommen, *kävele-* wandern; 2) vor der adjectivischen Ableitungsendung *źa* (statt *jźa*) z. B. *mägiśä* hügelig von *mäge;* 3) vor der Ableitungsendung *ja* der Nomina factoris, z. B. *kuolija*, *kuolia* oder *kuolie* ein Verstorbener, von *kuole-* sterben; 4) vor der Collectivendung *jaha*, Nom. *jas*, z. B. *Kijźjokieha*, Nom. *-jokies* statt *-jokijaha*, *-jokijas*, die Bevölkerung von *Kijźjoki* (Stamm *joke*), *Wuokkiniemiehä*, Nom. *-ńiemies*.

Von den in diesem § 88 aufgezählten Endungen hat wenigstens *jźe*, *jńe* ursprünglich mit palatalem Laut begonnen, denn dieselbe ist sonder Zweifel aus *jńte* oder *ńte* entstanden, welches in der entsprechenden russisch-lappischen Endung ńč(e) angetroffen wird; z. B. Nom. Sămeläńč oder Sămeläj, Allat. Sămeläńči Lappländer; oagsäńč oder oagsäj kleiner Zweig, Allat. oagsäńi. Dagegen ist die Conditionalendung ursprünglich ksi gewesen, wie dieses im Ehstnischen noch der Fall ist, obgleich im Karelischen die Vocalveränderung erst nach Schwächung des k in j eingetroffen ist; denn im Ehstnischen verbleibt das e.

γ. Vor dentalem Consonant.

§ 89. a) *a (ä)* wird in *e* verwandelt vor dem Character des Impersonalis *tta*, z. B. *kabrassetah, kabrassettih, kabrassettaneh, tuönnettäjš, tuönnettävä, tuönnettil*, von *kabrasta-* wegräumen, *tuöndä-* schicken.

Wenn *t* in dem temporalen Partitiv des Adj. II anstatt zu *tt* verstärkt zu werden, zu *h* geschwächt wird, bleibt der Bindevocal unverändert, z. B. *kabrastahuo, tuöndähüö*.

b) *a (ä)* und andere Vocale sind vor der alten adjectivischen Ableitungsendung *ta* in *e* verwandelt worden, welches *e* darauf nach dem Wegfallen des *t* in *i* übergegangen ist (gemäss § 91. a) 3); z. B. *ruskia* oder *ruskie* für *rusketa* roth, vergl. *ruzappa* röthlich; *leviä* oder *levie* breit von *levä* ausgebreiteter Zustand.

c) *a (ä)* wird in *e* verwandelt vor der Endung *ne*, welche zur Bildung comparativer Verben dient, z. B. *kovene-* hart werden, *tülţţene-* stumpf werden, von *kova, tülţţä*.

Nur im Wort *vanhane-* (neben *vanhene-*) altern, ist *a* beibehalten.

d) *a (ä)* geht sowohl in zwei- als mehrsylbigen Stämmen in *e* über vor der Comparativendung *mba*, weil die ältere Form dieser Endung, die im finnischen noch angetroffen wird, *npa* für *ne + pa* ist; z. B. *kovemba, tülţţembä, madalemba* von *kova, tülţţä, madala* niedrig.

Die eben besprochenen Adjectiva auf *ia iä* behalten den Auslautsvocal bei, wenn derselbe in Südkarelen mit vorhergehendem *i* nicht contrahirt wird; z. B. *ruskiamba, leviämbä*. Auch im nördlichen Karelen werden mehrsylbige

Stämme mit unverändertem Bindevocal bisweilen angetroffen, sowie *soutajampa* geschickterer Ruderer.

e) *a (ä)* und bisweilen auch andere Vocale werden in *e* verwandelt vor der Endung *le*, womit frequentative Verba von anderen Verben und bisweilen von Nominen gebildet werden; z. B. *andele-*, *rijdele-* streiten, *panettele-*, *küzele-*, *sanele-* reden, von *anda-* geben, *rijda* Streit, *panetta-* von *pane-* legen, *küzü-* fragen (oder dem verschwundenen Stammwort desselben *küzä-*, vergl. f. *kysäistä* plötzlich fragen) *sano-* sagen oder *sana* Wort.

Bisweilen hört man jedoch vor dieser Endung ein *a* oder einen Vocal *(ë₃)* der dem *a* sehr nahe steht; z. B. *kuwndale-* lauschen statt *kuwndele-*. In contracten Verben ist sonder Zweifel der Vocal des Auslautes *a (ä)* zuerst in *e* übergegangen, obgleich derselbe sich alsdann mit dem vorhergehenden zu demselben Diphthong verbunden hat, der im Stammwort angetroffen wird; dass *e* hier vorgekommen ist, beweist nämlich die im nördlichen Karelen stattfindende Palatalisation des nachfolgenden *l*; z. B. *mittoale-* oder *mittoaľe-* von *mittoa-* messen; *kereäle-*, *kereäľe-* von *kereä-* sammeln.

f) *a (ä)* wird bisweilen auch vor *h* in *e* verwandelt, in Substantiven auf *he* (für *se?*) die von Nomina verbalia auf *na* und *nda* abgeleitet sind (siehe doch § 80, 2, wo die hierher gehörenden Beispiele aufgezählt sind).

g) Auch im Adj. II Activi steht *e* vor *he*, wenn diese Endung statt *(u)te* gebraucht wird. Diese beiden Formen, *nehe* und *nute*, *nuo* setzen eine Stammform mit der Endung *na* (oder *ne*) voraus, die mit der obengenannten substantivischen Ableitungsendung *na* identisch sein mag. Hierbei muss nämlich bemerkt werden, dass mit der Endung *na* im Finnischen Substantiva auch von andern Verben als von denen auf *ise* gebildet werden: z. B. *kirkuna* Geschrei, *kiljuna* Geheul von *kirku-* und *kilju-*, und dass Adj. II auch substantivisch gebraucht zu werden scheint; z. B. f. *kuulin heidän kirkunehen* ich hörte, dass sie schrieen, *kuulin heidän kirkunan* ich hörte ihr Geschrei.

δ) Vor labialem Laut.

§ 90. a) *e* (= *ę* und *e*) wird in *o* (*ö*) verwandelt vor einem zur Endung gehörenden *m*, *v* oder *w*: im Subst. III und IV auf *ma* und *miźe*. im Adj. I auf *va* und in abgeleiteten Adjectiven auf *va*, in der 3. Pers. Sing. Praesens Indic. und Concess.; z. B. *tulomah, mänömäh; tulomiźe, mänömiźe; tulovan mänövän; tulow, mänöw; lullow, männöw*, von *tule-* kommen, *mäne-* gehen; *loppomatojn, -ttoma* unendlich von *loppoma* von *loppe-* schliessen; *kädövä* fingerfertig, *vägövä* stark, von *käde* Hand, *väge* Kraft.

Im Comparativ verbleibt *e*, da *m* in der Endung *mba* nicht ursprünglich, sondern aus *n* entstanden ist, z. B. *pienembä, nuoremba* von *piene* klein, *nuore* jung; *e* bleibt auch vor der Endung der 1. Pers. Plur. *mma* unverändert; z. B. *lopemma, pezemmä*, welcher Umstand unsere oben ausgesprochene Ansicht bestätigt, dass diese Formen durch Anfügung der Personalendung *ma* (ursprünglich *mak*) an die Praesensstämme auf *k* oder ' (*lopek, pezek, lope', peze'*) gebildet sind, die im verneinenden Praesens (*emmä lope, emmä peze*), sowie in den reflexiven Formen der 3. Pers. Sing. (*lopeksi pezeksi*) sich wiederfinden.

b) Bisweilen geht auch *a* vor labialen Vocalen in *o* über, z. B. die nordkarelischen Formen *kuwtoma* Mondschein für *kuwdama*, *kirjova* bunt für *kirjava*, *pellovaha* Flachs für *pellavaha*.

Disparation nenne ich den Uebergang der Vocale *o ö e* in die am Schluss der resp. Vocalserien liegenden *u ü* und *i*, sowie die entsprechende Veränderung der Diphthonge *uo, üö* und *ie* in die langen Vocale *uw, üw* und *ij*, welche Veränderungen im Karelischen ganz allgemein vor anderen Vocalen angetroffen werden und den Zweck zu haben scheinen, den vorhergehenden Vocal vor Verschmelzung mit einem folgenden zu bewahren.

§ 91. Ein·der zweiten oder einer folgenden Sylbe angehörendes *o, ö* und *e* wird vor einem *a* oder *ä* immer in *u, ü, i* verwandelt; z. B. 1) im Partit. Sing. *ukkua, garbalua, mändüä, männikküä, hańhia, anoppia, lehtiä* von *ukko* Greis, *garbalo* Sumpfbeere, *mänö* Gang, Fahrt, *männikkö* Fichtenwald, *hanhe* Gans, *anoppe* Schwiegermutter, *lehte* Blatt; 2) im Substant. I *sidua, koskia, itkiä* von *sido-* binden, *koske-* rühren, *itke-* weinen; 3) in Nominal- und Verbalstämmen: *kangia* steif, *kebiä* leicht, für *kange(t)a, kebe(t)ä; crua-* scheiden, *halgia-* sich spalten, platzen, für *ero(t)a-, halge(t)a.*

Alle obenerwähnten Formen gehören nur dem südlichen Karelen, Poaen und Reboła an; in anderen Gegenden und bisweilen auch hier sind die Vocale *ua üä ia* und *iä* nachher contrahirt worden, wie aus § 98, e) hervorgeht.

Ausnahmsweise kommt auch in der ersten Sylbe Verwandlung von *e* in *i* vor *ä* vor, z. B. *miän, tiän, hiän* neben *meän, teän, heän,* Genit. von den Pluralstämmen *medä, tedä, hedä* der persönlichen Pronomina; *viän* neben *veän, vejän* von *vedä-* ziehen, führen.

b) Auch vor *e* sind *o* und *e* in *u* und *i* verwandelt worden, obgleich *u* nachher stets und *i* beinahe immer, ausser bisweilen im südlichen Karelen mit *e* sich zu den Diphthongen *uo* und *ie* vereinigt haben z. B. *sanuossa, sanuośśa,* für *sanoessa* von *sano-* sagen; *valguole-, valguoľe-* für *valgoele-* frequ. von *valgo(t)a-, valgua-* hell werden; *itkien* für *itkeen, kastiessa* oder *kasti-essa* von *kaste(k)e* Thau.

§ 92. Wenn die Diphthonge *uo, üö, ie* durch Consonantenschwächung vor einem zur zweiten Sylbe gehörenden *a, ä, e* oder *i* zu stehen kommen, so werden dieselben in *uw, üw, ij* verwandelt (vergl. § 57, h); z. B. *juwwa, luwwen* von *juo-* trinken, *luo-* werfen, *ej vuwwa* von *vuoda-* fliessen, *luwweh* Nom. von *luodehe* Westen; *lüwwä, süwwessä,* von *lüö-* schlagen, *süö-* essen, *müwwäjśtä* Part. von *müödäẑe* günstiger (Wind), *müwwässä* vom Partikelstamm *müödä,* und *müwwittä-* zugeben, nachahmen (eigentlich mitgehen) von demselben Stammworte; *vijjä, vijjessä* von *vie-,* führen, *tijjän,* Impf. *tijjin* von *tiedä-* wissen.

Auch vor *o* kommt eine derartige Vocalveränderung im Worte *tiedo* Wissen vor, z. B. Gen. *tijjon.*

§ 93. Kürzung benennen wir den Uebergang eines Diphthongs oder eines langen Vocals in einen kurzen Vocal; hierher gehören folgende Lautveränderungen.

a) *oa*, *eä*, *uo*, *üō*, *ie*, *uw*, *üw* werden in einsylbigen Wörtern vor einem zur Endung gehörenden *j* in *a*, *ä*, *o*, *ö*, *e*, *u*, *ü* gekürzt, sowie 1) im Pluralstamm der Nomina z. B. *maj*, *päj*, *soj*, *öj*, *tej*, *puj*, *püj*, von *moa* Land, *peä* Kopf, *suo* Morast, *üö* Nacht, *tie* Weg, *puu* Baum, *püw* Haselhuhn; 2) im Imperfectum der Verba, z. B. *saj*, *jäj*, *toj*, *löj*, *vej* von *soa-* erhalten, *jeä-* bleiben, *tuo-* bringen, *lüö-* schlagen, *vie-* führen; 3) in der 3. Pers. Sing. des Conditionals; z. B. *sajś*, *jäjś*, *tojś*, *löjś*, *vejś* (in den übrigen Personen fällt *j* fort, woher die vorhergehenden Vocale unverändert bleiben, z. B. *soaźin*, *jeäźit* u. s. w.); 4) in Ableitungen, deren Endungen mit *j* beginnen; z. B. *öjźe* nächtlich, *pujźe* hölzern, Zuber, von *üö* Nacht, *puw* Holz; *sojźa* morastig, von *suo*; *puj-* dreschen (eigentlich mit einem Holz schlagen) von *puw*, *lojtte-* zaubern (eigentlich sich werfen?) von *luo-* werfen; *sujśta-* stürzen, von *suw* Mund u. A.

b) *ij*, sei es, dass *i* ursprünglich oder in Folge von Attraction aus einem andern Vocal entstanden, wird nicht weiterhin im Worte als in der ersten Sylbe desselben geduldet und daher in allen folgenden zu *i* gekürzt: in Pluralstämmen der Nomina, im Superlativ, im Imperfectum und Conditionalis der Verba, sowie in einer Menge von Ableitungen, als Nomina auf *ime*, *jźe*, *jźa*, in Verben auf *j*, *jtte*; z. B. *buotilla* für *buolijlla*, Adess. Plur. von *buola* Strickbeere; *etti*, *ettiś* für *ettij*, *ettijś*, von *etti-* suchen (siehe übrigens die Beispiele in § 87 u. 88).

Im nördlichen Karelen (Kiestinki) wird gleichwohl das vom Nebenaccent unterstützte *ij* im Conditional dreisylbiger Verba beibehalten; z. B. *kävelijśin värisijśit*, *tarittijśima* von *kävele-* wandern, *värise-* zittern, *taritte-* darbieten; dagegen aber *ettiśin ettitteliśin* ich würde suchen.

In Rebola habe ich *ij* auch in der zweiten Sylbe im Worte *etijn*, Impf. von *etti-* suchen, angetroffen.

§ 94. Folgende Elisionen, die mit den obigen Kürzungen verwandt sind, mögen hier erwähnt werden.

a) Nach den Diphthongen *aj*, *oj*, *uj*, *äw* fällt *j* im Imperfectum und Conditionalis fort; z. B. *naj*, *woj*, *haravoj*, *uj, käw; najś vojś, haravojś, ujś, käwś,* von *naj-* heirathen, *voj-* vermögen, *haravoj-* harken, *uj-* schwimmen, *käw-* wandern.

b) Nach eigentlichen Diphthongen und langen Vocalen fällt *j* fort in der 1. und 2. Person des Conditionals; z. B. *jeäźin, lüöźit, tuoźima, rubieźia* (neben *rubiaźia, rubiajźia*) von *jeä-* bleiben, *lüö-* schlagen, *tuo-* bringen, *rubie-* beginnen.

§ 95. Das Karelische duldet im Allgemeinen nur in einigen bestimmten Fällen Diphthonge auf *j* ausser in der ersten Sylbe des Wortes, und macht sich von denselben auf zwei verschiedene Weisen frei:

a) Indem es *j* mit einem nachfolgenden Vocal zu einer neuen Sylbe verbindet; 1) im Partit. Pluralis zweisylbiger Wörter auf *a*, z. B. *malla* Schale, Plural-Stamm *malloj*, Part. *malloja*; 2) in der 2. Pers. Plur. Impf. z. B. *soattoja, kibewdüjä* von *soatta-* begleiten, können, *kibewdü-* krank werden; 3) im Partit. und Genit. mehrsylbiger Pluralstämme, jedoch nur im südlichen Karelen; z B. *harakkoja, -kkojen, ukkoloja, -lojen,* von *harakka* Elster, *ukko* Greis; 4) im Partit. Sing. mit Suffix von solchen Substantiven, welche ursprünglich die Endung *oj* gehabt; z. B. *toattojah* von *toatto* Vater; derartige Formen sind jedoch selten und nur im nördlichen Karelen angezeichnet worden;

b) durch Abwerfung von *j:* 1) *j* ist aus zweisylbigen Stämmen auf *oj* ganz verschwunden (s. § 82, d); 2) *j* erscheint auch in Nominalstämmen auf *oj* nur sporadisch im Partit. Sing. (siehe Moment a); 3) *j* fällt häufig fort am Schluss einer Sylbe, nämlich α) immer in der 3. Pers. Sing. und 1. Pers. Plur. Imperf. z. B. *soatto, soattoma, kibewdü, kibewdümä*; β) in dem unverkürzten Stamm von caritiven Adjectiven; z. B. *huolettoma,* Nom. *huoletojn*; γ) immer in der 1. und 2. Pers. Conditionalis zweisylbiger Stämme z. B. *soattaźin, -źit, sanoźima, sanoźia;* δ) in Wörtern auf *jźa* und *jźe,* die von zweisylbigen Stammwörtern gebildet sind, als *hindaźa* theuer, *kuldaźe* golden.

Dagegen wird *j* stets beibehalten: 1) in dreisylbigen Verben auf *jtte,* z. B. *hajtukojten, -kojtow, -kojja* nachlässig sein; 2) vor einem zu derselben Sylbe gehörenden Consonanten in der 1. und 2. Pers. Sing. Impf. sowie in der 3. Pers. Sing. Condit., z. B. *soatojn*, *kibewwüjt*, *soattajś kibewdūjś*; 3) in dem gekürzten Stamm der caritiven Adjectiva und der Nomina auf *jźe*; z. B. *peätöjn*, *huoletojnda*; *kullajśta*, *Jūväjś-kūlä*, *illajśta-* zu Abend essen.

Uebrigens kommen in verschiedenen Gegenden Verschiedenheiten vor; so wird in Poaen *j* abgeworfen, wenn dasselbe am Schluss der dritten Sylbe eines Wortes steht, im Conditionalis sowie in abgeleiteten Wörtern auf *jźe* und im Plur. derjenigen auf *(u)jte*; an anderen Orten wird dasselbe dagegen gewöhnlich beibehalten; z. B. *kabrastaźin* und *kabrastajźin* von *kabrasta-* wegräumen, *pihlajaźe* und *pihlajajźe* kleine Eberkirsche, *jälyimäźe* und *jälyimäjźe* der letzte; *tervehūźiä* und *tervehujśie* Grüsse.

§ 96. Wenn *a*, *ä* oder *e* durch Wegfallen eines zwischenbefindlichen Consonanten nach den Dipthongen *oa* oder *eä* zu stehen kämen, so fallen jene Vocale fort; z. B. *koan* für *koa-an*, *koatah* für *koa-etah* von *koada-* fällen; ebenso *roan*, *roatah* von *roada-* arbeiten; *roan* für *roa-an* von *roaga* Pfahl oder adj. roh; *neän* von *neädä* Marder; *heän*, *heätäh* von *heädä-* vertreiben.

§ 97. Der Diphthong *ow* im Verbum *nowze-* steigen, wird zu *o* gekürzt, nicht blos wie im Finnischen in dem hiervon abgeleiteten transitiven Verbum *nosta-* heben, sondern gewöhnlich auch in den Beugungsformen, wo *ow* vor zwei Consonanten zu stehen käme; z. B. Concess. *nossen*, Adj. II *nossun*; Imperat. *noskah*, Subst. I *nossa*, II *nossessa*; Impersonalis *nossah*, *nostih* u. s. w.

§ 98. Contraction. Zwei kurze Vocale, die durch Abwerfung des dazwischen befindlichen Consonanten unmittelbar auf einander folgen würden, werden oft zu einem Diphthong oder langen Vocal zusammengezogen.

a) *a* in der ersten Sylbe sowie auch in einer der folgenden wird mit folgendem *a* zu *oa* contrahirt; z. B. *poan* von *pada* Topf, *toatti* Prolativ von *taga* das nach hinten

Belegene; *kaloa* Part. von *kala* Fisch, *kalľištoa* Inf. von *kalľišta-* theuer machen.

b) *a-e* wird zu *oa* contrahirt, z. B. *poata* Inf. von *pagene-* fliehen, *loalla* oder *loalľa* von *lage* Dach, *moah* (neben *majeh*) Nom. von *madehe* Quabbe; *andoassa, andoašša* für *andaessa*, Subst. II von *anda-* geben.

c) *ä-ä* wird zu *eä* zusammengezogen; z. B. *heän* von *hädä* Noth, *löwdeä* Inf. von *löwdä-* finden, *pilimbeä* Part. von *pilimbä* längst.

d) *ä-e* wird zu *eä* zusammengezogen; z. B. *keän* von *käde* Hand, *neättä* von *näge-* sehen, *meällä, meälľä* von *mäge* Hügel; *löwdeässä, löwdeäššä* für *löwdäessä*.

Anmerkung. Im nördlichen Karelen kommt neben *eä* auch der Diphthong *öä (üä)* in der zweiten Sylbe oder weiterhin im Worte vor, z. B. *löwdöä* oder *löwtöä, löw-döäššä*.

e) *u, ü, i* weiterhin im Worte, sei es dass dieselben ursprünglich oder nach § 91, a) aus *o, ö, e* entstanden sind, werden im nördlichen Karelen und bisweilen auch in Poaen und Rebola mit nachfolgendem *a, ä* zu *uo, üö, ie* zusammengezogen; z. B. *lukkuo, garbaluo, tüttüö, kävelüö, kiekkie, anoppie*, Partitive von *lukku* Schloss, *garbalo* Kransbeere, *tüttö* Mädchen, *kävelü* Wanderung, *kiekki* Fischadler, *anoppe* Schwiegermutter; *siduo, kampastuo, eksüö, ețție, paheksie*, Inf. von *sido-* binden, *kampastu-* stürzen, *eksü-* sich verirren, *ețși-* suchen, *paheksi-* übel aufnehmen; *eruo-, halgie-; kangie, kebie*, neben *erua-, halgia-, kangia, kebiä*.

f) *u* (und *o*), *ü i* (und *e*) in der zweiten Sylbe und weiterhin im Wort werden mit nachfolgendem *e* zu *uo, üö* und *ie* contrahirt; z. B. *kovuo, hebożuo, ottanuo, lühüö, keändänüö*, contracte Stämme, statt *kovu(t)e, hebożu(t)e* u. s. w.; *eksüössä, sanuossa* für *eksüessä, sanoessa; ețșien, itkien, kastiessa* (vergl. § 91, b).

Im Wort *kuottele-* versuchen, für *koettele-*, kommt Contraction von *o-e* schon in der ersten Sylbe vor.

g) Auch ein zur ersten Sylbe gehörendes *i* wird bisweilen mit folgendem Vocal zu einem Diphthong zusammengezogen, nämlich stets in den Stämmen der Casus obliqui der Pronomina der 1. und 2. Person *miw* und *siw* für *mi(n)u*, *si(n)u*, sowie auch gewöhnlich in den Nominativen *mie*, *sie* anstatt *miä*, *siä*, welche letztere Formen in Poaen gebraucht werden.

h) Ein *i* in der zweiten Sylbe wird zuweilen mit vorhergehendem Vocal zu einem Diphthong auf *j* zusammengezogen, z. B. *rajś* Hagel für *rais* von *ragehe*, *rujś* Roggen von *rugche*, *kojśśa* zu Hause, *kojśta* von Hause (nebst dem Genit. *koin* oder *kojin*) von *kodi* Haus. Eine derartige Contraction kommt jedoch weiterhin im Worte immer vor, auch wenn *i* durch Kürzung aus *ij* entstanden ist; z. B. *keväjdä* für *kevä(t)ijdä*, Part. Plur. von *keveä* Frühling; *pijrajda*, *kebejdä*, *kańgejda* von *pijroa* Kuchen, *kebie* leicht, *kańgie* steif; Superl. *kebejmbä*, *kańgejmba* für *kebe(t)ijmbä*, *kańge(t)ijmba*; *salbaj hülgäj*; *eroj*, *ṭilppuj*, *hävij*, Imperfecte von *salboa-* zuschliessen, *hülgeä-* verwerfen, *eruo-* scheiden, *ṭilppuo-* zerhacken, *hävie-* umkommen.

i) *e-e* im Partikelstamm *ede* das Vordere, sind meist zu *ie* zusammengezogen: *iessä*, *iellä*, *ielläh*, im Prol. jedoch immer zu *ej: ejṭṭi*. Uebrigens werden diese Vocale, wenn dieselben im Beginn eines Wortes stehen, in Poaen gewöhnlich beibehalten; z. B. *veeśśä*, *reeśśä*, *meellä* von *vede* Wasser, *rege* Schlitten, *mede* Honig; in Sujgarvi zu *ej* contrahirt: *vejśśä*, *rejśśä*; in Kiestinki entweder beibehalten: *veessä*, *meen* (neben *mejen*), oder zusammengezogen zu *ie*: *viessä*, *riessä*. Im Stamm *segehe* klares Wetter, hat sich *e-e* überall zum Diphthong *ie* verbunden: Nom. *sies* oder *śieś*.

k) *e-ä* wird bisweilen zum Diphthong *eä* contrahirt; z. B. *meän*, *teän*, *heän* (neben *miän*, *ṭiän*, *hiän*) von den pluralen Pronominalstämmen *medä*, *tedä*, *hedä*; *veän* (neben *viän*, *vejän*) von *vedä* ziehen.

§ 99. Veränderungen der Vocale des Auslautes.

a) Verwandlung in *i:*

1) *a (ä)* wird in *i* verwandelt im Nominativus Sing. der Comparative, z. B. *kovembi*, *madalembi*, von *kova* hart, *madala* niedrig.

2) *e* geht im Nominativus zweisylbiger Wörter in *i* über, mit Ausnahme von *miehe* Mann, *seäme* das Innere, *lojme* Decke, welche die gekürzten Stämme *mies, seän, lojn* für diesen Casus gebrauchen;

3) *e* ist in *i* verwandelt worden, welches jedoch späterhin weggefallen ist, in den Ordnungszahlwörtern 3—10 sowie auch in den Nomina qvalitatis; z. B. *kolmas* für *kolmañzi*, von *kolmande* der dritte; *kovus* (neben *kovut*) von *kovute, kovuo* Härte.

b) Elision:

1) *i* wird abgeworfen in der 3 Pers. Sing. Conditional.; z. B. *sajś, andajś, langiejś* von *sajźi, anbajźi langiejźi*, Conditionalstämme von *soa-* erhalten, *anda-* geben, *langie-* fallen.

2) Das aus *e* entstandene *i* fällt fort auch im Nom. Sing. mehrsylbiger Wörter auf *te*, wie aus Mom. a) 3) ersichtlich ist.

§ 100. Kürzung der Stämme.

Mit der im vorhergehenden §, Mom. b) besprochenen Elision ist auch die Abwerfung des letzten Vocals der Verbal- und Nominalstämme *a (ä)* und *e* verwandt, welche nicht nur im Auslaut vieler Wörter sondern auch vor manchen Endungen vorkommt, und wodurch man die von uns sogenannten gekürzten Stämme erhält.

a) Von den Nominen wenden folgende Wörter und Wortclassen gekürzte Stämme an:

1) Von denen auf *a (ä)*; α) die Superlative im Nom. und bisweilen im Part. Sing.; z. B. *kovin* härtest, *kovinda* oder *kovimboa* von *kovimba*; β) die caritiven Adjectiva im Nom. und Part. z. B. *ozatojn ozatojnda* von *ozattoma* unglücklich.

2) Von zweisylbigen Stämmen auf *e*: α) diejenigen, die zwischen den Vocalen der ersten und zweiten Sylbe die Consonanten *h, d (t), n, z (s), r, l, nd (nt), rd (rt), ks, ps* haben: z. B. *voahta, miestä, vettä, unda, kuwsta, merda, tulda, kantta, vartta, usta, lasta* von *voahe* Schaum, *miehe* Mann, *vede* Wasser, *une* Schlaf, *kuwze* Tanne, *mere* Meer,

tule Feuer, *kande* grosse Schachtel aus Birkenrinde, *varde* Stiel, *ukse* Thür, *lapse* Kind; β) folgende Stämme auf *me*: *lojme* Decke, *lume* Schnee, *ńieme* Landspitze, *seäme* das Innere, *sojme* Krippe, *tojme* Geschicklichkeit, *tuome* Faulbaum, die im Partit. *lojnda, lunda, ńiendä* u. s. w. lauten; γ) die drei Stämme auf *hte* in denen *h* aus *k* entstanden ist: *ühte* ein, *kahte* zwei, *lahte* Bucht, Partit. *ühtä, kahta, lahta*; δ) *veiṭṭe* Messer, Partit. *vejśtä*.

Alle diese Wörter kommen im Partit. mit gekürztem Stamm vor; *lojme, seäme* und *miehe* auch im Nominat.

3) Alle mehrsylbigen Stämme auf *e* ausser *anoppe* Schwiegermutter, zu denen wir auch diejenigen zählen, die den finnischen contracten entsprechen. Der gekürzte Stamm wird von den Ordnungszahlwörtern 3 — 10 und von den Wörtern auf *iźe* nur im Partitiv gebraucht, von den Substantiva qualitatis im Partit. und oft auch im Nominat., von den übrigen Wörtern sowohl im Partit. als auch im Nominat.; z. B. *kolmatta, Wäjnämöjśtä, kovutta*, Nom. *kovus kovut; kasse, kassetta, lownat, -tta, kätüt, -ttä, opastunut* od. *-nun, -nutta, sawwojn, -nda, luomenes, -sta, kalliś, -śta, terveh, -htä*, von *kolmande, Wäjnämöjźe* Nom. *-möjńe, kovute kovuo* Härte, *kasteke kastie* Thau, *lownate lownoa* Südwest, *kätküte kätküö* Wiege, *opastunute, -nuo* gelehrt, *sawwome* Pfahl, *huomenekse* Morgen, *kallche* theuer, *tervehe* gesund.

Bisweilen kommt der gekürzte Stamm auch im Essiv vor, z. B. *tojśśa* von *tojźe* der zweite, *kolmanna* von *kolmande* der dritte.

Auch bei Ableitungen fallen *a* und *e* oft fort vor Endungen, die mit *t* beginnen; z. B. *lajhtu-* mager werden, *humaldu-* sich berauschen, von *lajha* mager, *humala* Rausch; *kijrehtä-* eilen, *veśtä* für *vejśtä* mit einem Beil behauen, *varrasta-* stehlen, *illajśta-* zu Abend speisen von *kijrehe* Eile, *veiṭṭe* Messer, *vargaha* Dieb, *ildaź́e* Abendmahlzeit.

b) Die Verba, die mit gekürztem Stamm vorkommen, gebrauchen denselben vor dem *n* des Concessivs und II. Adjectivs, vor dem *t* des I. und II. Substantivus und des Impersonalis sowie vor dem *k* des Imperativs (und Optativs).

Derartige Verben sind:

1) Dreisylbige Verba, die nach einem Vocal mit *ta* (*tä*) schliessen und in denen *t* in den Formen wegfällt, wo der Auslautsvocal verbleibt, d. h. Verba contracta; z. B. *kajmannen, kajmannun'; kajmata, -tessa, -tah, -ttih, kajmakkah*, von dem aus *kajmata- kajmoa-* folgen gekürztem Stamm *kajmat*.

2) Alle zwei- und mehrsylbigen Verba auf *e*, welche vor diesem Vocal einen der Consonanten *n*, *ś* (*s*), *r*, *l* oder *ks* nach einem Vocal haben, z. B. *männen, männun, purren, purrun, juossen, juossun, poannen, poannun, värissen, -śśūn, kävellen, -llūn; männä, männessä, männäh, mändih, purra, purressa, purrah, purdih, juossa, juossessa, juossah, juostih, poata, poatessa, poatah, poattih, värissä, -śśessä,- śśäh, -śtih, kävellä, -llessä, -lläh, -ldih; mäṅgäh, purgah, juoskah, poakkah* (oder *poaťkah*), *räriśkäh, kävelgäh,* von den gekürzten Stämmen *män-, pur-, juos-, poan-, väriś-, kävel-,* von *mänegehen, pure- beissen, juokse- laufen, pagene- fliehen, värižezittern, kävele- wandern*.

3) Die dreisylbigen auf *iťe* (von (*i*)*jťe*), welche jedoch auch, besonders in Poaen, mit vollständigem Stamm vorkommen; z. B. *tarinnen* oder *tariťťenen, tarita* oder *tariťťia, tarittih* oder *tariťettih, tarikkah* oder *tariťekkah*, von *tariťťedarbieten*.

4) Auch das zweisylbige Verbum *ťiedä* wissen hat bisweilen den gekürzten Stamm vor *t*; z. B. Subst. I *ťietä* (durch Schwächung, vom St. *ťiet-tä*) neben *ťiedeä; ťiettäneh* neben *ťijjettäneh; ťiettävä*.